Connessioni

DON ANTONIO MAZZI

Ciò che conta davvero

Vivere il meglio di sé e fare il bene di tutti

Con Luca Crippa

SOLFERINO

SOLFERINO

www.solferinolibri.it

Collaborazione redazionale: Rossana Serafino e Cristina Mazza

ISBN 978-88-282-1494-6
Prima edizione: settembre 2024

Ciò che conta davvero

Così dice il Signore Dio:
Un ramoscello io prenderò dalla cima del cedro,
dalle punte dei suoi rami lo coglierò
e lo pianterò sopra un monte alto, imponente;
lo pianterò sul monte alto d'Israele.
Metterà rami e farà frutti
e diventerà un cedro magnifico.
Sotto di lui tutti gli uccelli dimoreranno,
ogni volatile all'ombra dei suoi rami riposerà.
Sapranno tutti gli alberi della foresta
che io sono il Signore,
che umilio l'albero alto e innalzo l'albero basso,
faccio seccare l'albero verde
e germogliare l'albero secco.

(Ez 17,22-24)

Introduzione
La sfida: ridare un cuore pulsante a noi stessi e al mondo in cui viviamo

Ci vuole altro

Un tempo c'erano le società dei tiranni e dei padroni, che assoggettavano gli schiavi. Neanche i tiranni, però, riuscivano a togliere la libertà interiore, cioè l'anima, agli schiavi.

La nostra, invece, è una società che cava l'anima, cioè tenta continuamente di ucciderla o di addormentarla, perché è una società che condiziona, modifica, rallenta, distorce la libertà interiore.

Noi, i tanti che sono consapevoli di questa pressione, che facciamo? Poniamo dei correttivi, evitiamo i danni peggiori, ci ritagliamo spazi di autenticità… ma non rifiutiamo radicalmente questa società. Non ci sogniamo, di solito, di rimettere tutto in discussione, e soprattutto di farlo partendo da noi stessi.

Penso ai milioni di giovani e meno giovani che si trovano per l'aperitivo al venerdì e al sabato sera: aspettano tutta la settimana, perché il momento più importante, le ore di apparente libertà sono lì.

Il resto della vita... è da dimenticare.

Ma vivere così non mi sembra un grande affare, e ovviamente non lo penso solo io: siamo tutti consapevoli che in questa finalizzazione del tempo del nostro esistere a pochi momenti di «libertà» c'è una povertà profonda e siamo in tanti, di conseguenza, a porci interrogativi importanti a proposito della qualità del nostro vivere.

Eppure sembriamo non comprendere che non basta migliorare un poco lo stato in cui ci muoviamo: tornando all'esempio del venerdì e del sabato sera, per cambiare le cose non basta trovare un modo per allungare il fine settimana, magari aggiungendo anche una domenica sera da sballo al venerdì e al sabato.

Ci vuole altro.

Se alla base di qualsiasi impegno per fare un vero passo avanti non c'è una critica alla società in cui tutti siamo immersi, forse non conviene nemmeno impegnarsi. Se non cerchiamo di costruire una società diversa e ci accontentiamo di piccoli correttivi, vuol dire che non sappiamo distinguere le cose importanti da quelle che lo sono meno, concentrandoci, per pigrizia, per quieto vivere, per autocompiacimento, proprio su queste ultime.

Oggi più che mai dobbiamo essere consapevoli che se non lavoriamo, tutti insieme, o almeno quelli che ci stanno, per una diversa convivenza civile, per una nuova visione di umanità, per una nuova scala di valori, per un diverso rapporto con Dio (chi ce l'ha, chi lo cerca e persino chi lo nega...), possiamo anche fare alcune scelte di essenzialità, di purificazione, di onestà intellettuale, ma finiamo per sprecare le forze.

I giovani hanno qualcosa da insegnarci

Nella mia lunga esperienza come educatore – che condivido da decenni con tanti validi collaboratori e collaboratrici all'interno di Exodus – mi sono reso conto che l'attenzione ai più giovani ci spinge a uno sguardo ampio e ad attese di grande respiro. Questo perché gli adolescenti e i giovani sono come antenne: la loro sensibilità, non ancora del tutto assopita o soffocata, li rende attenti ai pesanti limiti della società e della mentalità in cui viviamo. Non sono ancora rassegnati, come spesso capita agli adulti, e a volte esprimono la sete di prospettive diverse – alle quali loro stessi non sanno esattamente che nome dare – con dissociazioni, ribellioni, forte malessere interiore e fughe a volte pericolose… oppure con le semplici e diffuse noia e apatia.

Mediante tutto questo, e spesso con gran fatica e addirittura sofferenza, essi resistono al «così si deve fare», al «questo si deve avere», al «di questo bisogna godere» e al «così bisogna apparire».

Certo, sui giovani agiscono forze poderose, che tendono a uniformarli il prima possibile al modello dominante. E uno dei primi compiti di noi adulti, se davvero vogliamo loro bene e desideriamo un futuro migliore per tutti, anche per noi, è renderli consapevoli di appartenere a una società di burattini. Sono, o rischiano fortemente di diventare, tanti Pinocchio: pupazzi di legno senza autonomia, mossi da fili invisibili.

Spesso ci accorgiamo della pressione disumanizzante che subiscono i nostri giovani (e che subiamo tutti, in realtà: loro ci aiutano ad accorgercene) solo quando ci troviamo di fronte alle loro più tristi devianze: la dipendenza dall'alcol o dalle droghe, la fatica a gestire in modo responsabile il rapporto con i social media, le tentazioni della fuga, del chiudersi in se stessi... E allora diventiamo consapevoli che la sfida più importante, persa la quale sono aperte le porte a ogni forma di sofferenza e di devianza, è ridare l'anima a tutti, senza distinzioni di età. A tutti, perché, come dirò, solo gli adulti con l'anima hanno qualche speranza di rispettare, custodire, stimolare e far fruttare l'anima dei giovani.

Una questione di cuore e uno shock salutare

Questa sfida, rivolta ai giovani, ma, insisto, tale da rivelarci il compito di una vita nuova che riguarda tutti, ci pare oggi particolarmente difficile perché scopriamo che i giovani (e anche noi adulti, ma ce ne accorgiamo meno) hanno poco cuore. Voglio dire: hanno sensibilità, entusiasmi, gusti, passioni (magari «brevi» e qualcuna «triste», come insegna molta della musica che ascoltano), ma poco cuore.

Rianimare il cuore rallentato, a volte addirittura bloccato, richiede, come sappiamo, un grande sforzo: ci vogliono competenza, energia, determinazione, persistenza e fiducia. A volte è necessario uno shock.

Questo shock, io credo, ha un nome preciso e forte: «perdono».

L'uomo, la donna, il giovane, l'adulto che non

sono contenti della loro vita, che si rendono conto di aver sbagliato qualcosa e che hanno paura di sbagliare ancora, o persino sono convinti che ri-cadere nel loro errore sia prima o poi inevitabile (vista la loro anima che ora, dopo la sconfitta, appare irrimediabilmente guasta), si riprendono solo con il perdono.

Quanto cercherò di condividere in questo libro nasce da qui: io e altri compagni e compagne di viaggio siamo vivi e propositivi anzitutto perché siamo stati perdonati. Il perdono, ricevuto e dato, ha custodito il nostro cuore.

Un'esperienza in tre tempi e due attenzioni... che è impossibile mantenere da soli

Per un rinnovamento che nasca dal cuore e si prenda cura del cuore, il percorso ha certamente tre tappe:

1. lo stacco, che dà liberazione;
2. il rafforzamento della nostra persona lavorando sui temi dell'anima;
3. la scoperta di un metodo e la decisione di seguirlo, che deve soddisfare le domande: «Quale vita voglio fare?» e «Quale esempio di vita nuova voglio dare?».

Qui sottolineo subito due attenzioni.

La prima. Non dobbiamo presentare il rinnovamento e la crescita di tutta la propria persona come una sofferenza eroica riservata a pochi. Il faticare e persino il soffrire sono precondizioni inevitabili per qualsiasi progresso, ma non dobbiamo cadere nell'eccesso che ci fa pensare: «Più fatica e dolore ci sono nella vita, meglio è».

L'evoluzione della nostra anima e il risveglio del nostro cuore non possono che essere percorsi impegnativi, certo – e non a caso al numero 1 ho posto lo stacco: un evento di purificazione e liberazione –, ma questi percorsi devono essere tali da permetterci di conservare il sorriso, perché ogni passo nella direzione giusta può stancarci, ma non deve mai rattristarci.

L'altra attenzione che non dobbiamo mai perdere di vista è che si diventa e si resta umani solo in rapporti di amicizia. L'amicizia permette di affrontare tutto e rende possibile la collaborazione. Può essere la premessa per un'alleanza tra «marciatori della vita esperti» e neofiti, lungo qualsiasi percorso: per esempio, educatori provati possono affiancare educatori alle prime armi con amicizia e con affetto, e sempre e solo per incoraggiarli.

Solo le relazioni vere sono creative e permettono di progredire sentendosi, nello stesso tempo, accompagnati, sostenuti, ascoltati, compresi e valorizzati.

Lungo un cammino di rinnovamento, di insegnamento, di educazione di se stessi e degli altri, l'amicizia permette che a ogni fatica corrisponda una compensazione. Ed è tra amici che ogni sforzo è accompagnato da autoironia, da accoglienza dei propri limiti, da sani momenti di riposo.

E così la prima attenzione (non perdere mai il sorriso) si sposa con la seconda (ricevere e condividere sorrisi di amicizia).

Chi decide di camminare da solo, e magari lo fa proprio perché è convinto che «non ci sono altri di cui fidarsi, con cui confrontarsi, con cui condividere l'esperienza», si mette su una povera strada, anche se è convinto che si tratti della strada «giusta», magari con buoni argomenti.

Vivere, cioè rischiare di partire da un «avamposto»

Lungo un ampio viale di una grande città latinoamericana, qualcuno tenta di attraversare. Fermo sul bordo del marciapiede, di fronte alla raffica incessante di automobili, il pedone aspetta dieci, venti minuti, un'ora.

A un certo punto, si volta e vede che poco lontano da lui c'è un uomo che fuma, appoggiato a un muro. Gli domanda: «Scusi: come faccio a passare dall'altra parte?». E l'uomo risponde: «Non lo so. Io sono nato da questa».

Eduardo Galeano

Possiamo davvero vivere restando sempre appoggiati al muro dove siamo nati e senza tentare di scoprire cosa c'è dall'altra parte della strada, anche se questa è oggettivamente difficile, e persino pericolosa, da attraversare?

La risposta è no: ne siamo tutti convinti, almeno in linea teorica. Occorre però che ci sia un punto di partenza (ricordo il punto 1: lo stacco che dà liberazione).

Chiamerò questo punto di partenza «avamposto».

Di cosa si tratta?

L'avamposto è una zona esposta, una situazione di rischio, un punto di tensione aperto su ciò che ancora non c'è. Proprio grazie a questa caratteristica, l'avamposto permette di percepire una possibilità, cioè una nuova realtà non ancora definita, e certamente non ancora del tutto reale.

Anzi, a ben vedere, del nuovo mondo che dall'avamposto ancora ammiriamo da lontano ci è ignoto quasi tutto: estensione, confini, morfologia, sfide, imprevisti e risorse. Non sappiamo neppure chi potremmo incontrare, al di là di ciò che conosciamo.

Dall'avamposto è possibile compiere il nostro prossimo passo, ma del cammino che così potremmo cominciare conosciamo, e più che altro immaginiamo, solo un abbozzo (e chi volesse frenarci dall'andare oltre potrebbe facilmente usare l'argomento che quell'abbozzo è in realtà un miraggio, un'illusione, un inganno).

Lo «spirito di precarietà»

L'avamposto è un dono della Vita (o di Dio, se ci crediamo). Accogliere e interpretare al meglio questo dono lo si può fare soltanto coltivando lo «spirito di precarietà».

Cosa significa?

Che la precarietà, che ci fa sentire fragili e addirittura minacciati, può – e secondo me dovrebbe – essere vissuta come una sfida promettente. Di solito, invece, ci appare come una situazione da fuggire, oppure come una scelta temeraria e un po' incosciente, o ancora come un errore da correggere, cioè una condizione sgradita cui porre al più presto rimedio.

Niente di tutto questo: la precarietà deve essere un elemento fondamentale del nostro progetto.

La precarietà è l'opposto della sicurezza, che è ciò che tutti desiderano. Certo, la tranquillità, la stabilità economica e sociale, l'ordine e la sicurezza sono importanti. Ma quando diventano assoluti, quando diventano la componente dominante del nostro progetto (sia nella vita personale, sia nelle nostre relazioni), si sostituiscono al fine vero della nostra esistenza.

A quel punto, abbandoniamo l'avamposto, cioè la possibile base di partenza per un cammino nuovo. Rinunciamo addirittura a presidiarlo, a difenderlo e almeno a visitarlo qualche volta, cioè rinunciamo a sognare e svalutiamo una componente essenziale che nella nostra vita dovrebbe sempre giocare un ruolo, che è l'inquietudine.

La ricerca della sicurezza e dell'ordine a ogni costo genera, non a caso, molta ingiustizia, perché queste cose dividono nel modo più netto chi sta «bene», chi è al sicuro e difende la propria posizione di privilegio, dagli altri.

Questo atteggiamento è molto evidente quando parliamo di differenze e barriere economiche e sociali. Ma possiamo ritrovarlo anche in forme più sottili: per esempio, in un rapporto educativo, nella distanza che può crearsi e rafforzarsi tra educatore e persona in crescita o, in un contesto di volontariato, tra operatore e «utente». Le sicurezze e le garanzie degli operatori sociali non sono sempre solo un vantaggio per chi si trova in uno stato di bisogno. Lo si può constatare con evidenza nei contesti di emergenza sociale, con i tossicodipendenti, con i carcerati, con i senza fissa dimora, nelle case di pronta accoglienza, negli ambulatori, nelle comunità. Se vengono prima e sempre le «esigenze» di sicurezza e i punti di forza dell'operatore, allora chi chiede aiuto può sperare di riceverlo solo a patto di rientrare negli schemi dell'operatore stesso: nei suoi orari, nei modi previsti, nei limiti delle sue mansioni, nel suo saper fare da tempo consolidato e all'interno di ciò che egli già conosce bene (o crede di conoscere bene).

Un educatore dei giovani che non si lasci contaminare almeno in parte dalla loro inquietudine potrà forse essere, per un breve periodo, un modello da ammirare e imitare (sempre che abbia fondato la propria maturità su valori positivi), ma difficilmente potrà accompagnare e favorire il progresso personale di un giovane.

Perché questo accada, infatti, bisogna che entrambi – adulto e giovane – si trovino, magari stretti e un po' scomodi, su un avamposto inquieto.

Ripenso a tanti incontri, a tanto ascolto, a tanti servizi che io e i miei collaboratori abbiamo cercato di offrire in questi anni e che continuiamo a offrire a chi si rivolge a noi senza nascondere i limiti della propria umanità. E so, e chi ci conosce e segue lo sa, che il nostro esserci in questa avventura non è sostenuto solo dalla competenza, dal ruolo occupato e forse nemmeno dal possesso di garanzie (economiche, culturali, politiche, metodologiche...), ma piuttosto dalla ricerca aperta e condivisa di una via di liberazione per coloro che non la sanno cercare.

In altre parole, per me, per noi, la dimensione professionale è strettamente correlata, nella scelta individuale e nel lavoro che svolgiamo insieme, a quella etica.

Decidere di mettersi in gioco con l'insicurezza, la fragilità, persino la colpa, quando c'è, dell'altro, è una scelta etica. L'assunzione personale della precarietà, della povertà, accettando di vivere nell'essenzialità, è per noi una discriminante morale.

L'impegno etico e morale per il rinnovamento di noi stessi e del mondo assume caratteri ben più marcati quando dalla dimensione personale si passa a quella di gruppo, diciamo pure «politica».

Riflettiamo. Non è forse vero che potenti organizzazioni hanno oggi il fine dichiarato dell'aiuto ai più deboli? E non è forse vero che – sorprendentemente – tra queste organizzazioni ci sono anche... associazioni a delinquere?

Le cosche mafiose sono solo l'esempio più eclatante ed estremo degli eccessi di queste possibili mistificazioni: garantiscono a centinaia, forse migliaia, di persone un'appartenenza, un lavoro, una protezione, un sostegno economico.

Da dove può avere origine una simile distorsione, per cui chi dichiara di voler dare aiuto ai più deboli lo fa senza rinnegare un sistema sbagliato e persino cattivo?

La risposta ci riporta nel cuore del discorso che sto proponendo: chi offre aiuto inteso solo in senso materiale («ti offro denaro, protezione, forza, appartenenza a un contesto stabile e apprezzato da tanti...») toglie soltanto per poco il bisogno, uccidendo però allo stesso tempo il senso di precarietà come motore di rinnovamento. Chi aiuta solo offrendo «beni» con una mano sostiene, ma con l'altra conferma nel povero la convinzione che quando c'è pane, sicurezza e divertimento non c'è altro da cercare.

In questo senso, la precarietà è un antidoto all'arroganza e l'«itineranza» (altro termine sul quale dovrò tornare) diventa lo strumento principale, l'aspetto visibile di ciò che conta davvero, che voglio sintetizzare così:

Ciò che conta davvero,
nella vita di ciascuno di noi,
è la condivisione
di un cammino
e di una crescita reali
che coinvolgano tutti.

Perché io cambi, perché il mondo cambi,
è necessario che ci pensi un'istituzione?

L'istituzione (la società tutta, la scuola, l'azienda per cui lavoriamo, l'una o l'altra associazione) è un vestito che dobbiamo indossare, e tutti lavoriamo perché le istituzioni facciano il meglio che possono. Ma anche il vestito, strumento utile e persino indispensabile, deve essere più volte lavato... nelle acque della precarietà.

Qui, ovviamente, so benissimo di provocare una forte contraddizione. Per sua natura, infatti, un'istituzione dovrebbe essere solida e con regole ferree, senza alcun affidamento al caso o alla fortuna. Perché allora parlo, anche qui, di precarietà? Per lo stesso motivo per cui dicevo, poco sopra, che se riceviamo e diamo solo un aiuto che garantisca sicurezza e stabilità, perdiamo di vista la condizione umana della fragilità, cioè quella in cui ogni bene che si riceve è grazia, e non merito, e l'aiuto non serve per trovare un posto sicuro, una zona di comfort, ma rimanda a un cambiamento profondo sia della propria persona che dell'intera società.

Faccio un esempio, per farmi capire. Pensiamo alla nostra salute. Un ospedale è certamente un'istituzione che serve a ottenere cure per riacquistare la salute, quando essa è minacciata. Quindi deve essere una realtà sicura e affidabile. Ma se le cure che l'ospedale fornisce mi convincessero che posso trascurare la mia salute, tanto poi c'è chi pensa a riparare i danni, io potrei bere, fumare, mangiare malissimo, conservare abitudini di vita pessime, senza preoccuparmi davvero di crescere, come persona, in una maggiore responsabilità nei confronti della mia stessa esistenza e della sua qualità.

Questa riflessione vale anche per un'associazione che si dedica all'accoglienza di persone bisognose o all'educazione dei giovani. Se l'assistenza ricevuta dovesse occultare l'intrinseca fragilità (e preziosità) della vita e dell'anima delle persone, e la sfida ancora aperta della loro crescita, ciò che acquisterebbero non sarebbe l'aiuto che li fa crescere, ma una prigione che nello stesso tempo li mette al sicuro e li priva della libertà.

Cresciamo anche grazie alle istituzioni, certo: i giovani hanno diritto a una buona scuola, l'ambiente di lavoro deve umanizzarsi, la politica deve pensare davvero alle esigenze dei cittadini, la cultura deve nutrirci e ampliare il nostro sguardo sul mondo... ma nessuna istituzione può e deve cercare di sostituirsi al nostro senso di precarietà, di attesa, di ricerca.

Cioè alla forza del nostro desiderio.

Appunti

1. Tutti abbiamo bisogno di ridare qualità alla nostra vita.
2. La qualità della nostra vita è questione di risveglio dell'anima e di rianimazione del cuore.
3. Se oggi mi accorgo che ho perduto occasioni di rinnovamento, anche importanti, oppure ho addirittura commesso errori, ripartirò dal perdono, ricevuto e offerto.
4. La rianimazione del nostro cuore è un percorso che prende avvio da tre tappe iniziali:
   1. lo stacco, che dà liberazione;
   2. il rafforzamento della nostra persona lavorando sui temi dell'anima;
   3. la scoperta e la decisione di seguire un metodo, che deve soddisfare le domande: «Quale vita voglio fare?» e «Quale esempio di vita nuova voglio dare?».
5. Tutto ciò che faremo per rianimare il nostro cuore non deve mai farci perdere il sorriso e non può essere fatto bene da soli, cioè senza amicizia.
6. La vita stessa, più volte, ci fa un regalo: ci pone in una situazione critica, precaria. Non è una sconfitta, un errore da cancellare, uno sport

per pochi temerari: può essere un «avamposto».

7. Un avamposto nella nostra vita e nella nostra esperienza è un punto esposto verso una terra nuova, inesplorata, che giustamente ci inquieta e ci può anche spaventare. L'avamposto può essere, per esempio, il nostro sogno più importante. Non lo dovremmo abbandonare mai, lo dovremmo, anzi, frequentare.
8. Dovremmo apprezzare il fatto che il ritrovarci a tratti in un avamposto ci permette di essere ancora vivi, desiderosi, chiamati ad altro.
9. Per la nostra crescita, abbiamo certamente bisogno – e diritto – dell'aiuto delle istituzioni (scuola, lavoro, politica, cultura...), ma se queste dovessero offrirci, o anche solo prometterci, di sostituirsi alla nostra fragilità, alla nostra preziosa precarietà, a ciò che solo noi possiamo fare per noi stessi e per gli altri... non ci aiuterebbero a crescere.

1
Avere o essere? Una contrapposizione inutile: cerchiamo ciò che ci fa «camminare dentro»

Assumere la precarietà come progetto, e non come condizione da negare e superare, ci permette di vivere al di fuori della contraddizione tra la logica dell'avere e la logica dell'essere.

La storia è attraversata da questa doppia polarità: da una parte la logica del possesso, il cui ultimo prodotto è la pervasiva società dei consumi; dall'altra quella della fuga dal mondo, compresa l'ascetica della rinuncia, per la quale l'essere si affermerebbe soltanto attraverso la spogliazione dall'avere.

Io penso, invece, che la precarietà e lo spirito di itineranza relativizzano il conflitto possesso-rinuncia, avere-essere e rendono tanto l'avere quanto l'essere funzionali a un obiettivo più grande, che è proprio il destino del viaggio.

Tutto questo si può facilmente spiegare se concepiamo la vita come un cammino.

La vita è cammino

Ogni cammino è accompagnato e motivato da un proposito, e porta a una costante narrazione.

Noi siamo la nostra narrazione.

Noi siamo il cammino, dunque.

All'inizio si stabilisce una meta: ci deve essere uno scopo per cui si cammina. Poi si prepara il necessario: quando si cammina bisogna avere quel che serve. Si impara presto, però, che un buon bagaglio per un cammino che porti davvero lontano deve contenere l'indispensabile, l'essenziale (e quindi, certo, un'efficace relativizzazione dell'avere).

Poi devono essere studiati meglio che si può il percorso e i tempi del cammino stesso, ma ogni percorso ha regole e ritmi indipendenti dal volere e dalle capacità di chi lo svolge, e occorre che ciascuno si adatti alle condizioni del viaggio, pena il fallimento (e qui entra in gioco una relativizzazione dell'essere: viaggiare significa mettersi in discussione, non ripetere continuamente: «Ma io sono fatto così», «Io sono questo»).

Una volta che abbiamo imparato a tenere insieme l'avere e l'essere (o almeno non ci siamo sottratti a questo compito), siamo in grado di «camminarci».

Cosa vuol dire «camminarsi»?

Non camminare ma... camminarsi.

Noi di solito camminiamo attorno a noi stessi. Non è difficile, è solo impegnativo, mentre è molto difficile «camminarsi dentro», perché è strano, inconsueto, fuori moda.

Fare *footing* dentro l'anima potrebbe essere un nuovo tipo di sport, da raccomandare caldamente. Chi di noi è disposto a camminarsi dentro fino a scoprire la propria anima? È più facile attraversare l'oceano che la mela marcia che è dentro di noi.

Eppure, se non faremo questo tentativo non cambieremo mai. Camminarsi dentro è l'unica avventura che rende l'uomo degno di se stesso, cioè che gli può dare un po' di sale e di lievito. È il vero «cercate!», che fa parte dei consigli evangelici.

Però, per arrivare fino all'anima, dovremo fare un discreto lavoro di pulizia. Per dirla in modo artigianale, dovremo buttare fuori tutti quei pezzi di mela marcia che teniamo gelosamente nascosti dentro di noi, nonostante l'epoca del paradiso terrestre, col suo famoso albero, sia passata da tempo.

Solo dopo questa enorme pulizia potremo scoprire le radici di noi stessi: perché siamo nati, dove andremo, quali strade percorreremo, quale senso dare alla nostra esistenza. Solo allora potremo assaporare la fragranza dell'interiorità e capire dove è cominciata la nostra vita e dove giungerà.

Tornando alla mela marcia.

Più volte abbiamo dato un nome alla parte marcia di noi: pigrizia, ignoranza, negligenza, ipocrisia, potere, denaro, Caino, droga, spaccio, alcol, prostituzione ecc. Si tratta di nemici importanti, ma hanno potere su di noi solo perché toccano radici molto profonde del nostro essere. E sono tutte forze che sappiamo nominare perché, in fondo, sono i «luoghi comuni» del male intorno a noi e dentro di noi.

Fare gesti talmente forti da abbattere questi marci luoghi comuni, per riscoprirci nuovi, liberi, puri, anche se (o proprio perché) poveri, e capaci di vivere una «francescanità evangelica», avrebbe del miracoloso. Riandare alla nostra Assisi per una spogliazione genuina, facendo arrabbiare i Pietro di Bernardone moderni... non sarebbe solo un gesto teatrale.

Se riusciremo a camminare dentro di noi, scopriremo un'altra cosa ancora: quanto sia liberatorio il dolore, il pianto. Da questo mondo è scomparso il pianto sincero. Sono rimasti i pianti isterici, le lacrime fasulle, le paranoie, le lamentele. Il pianto che sgorga da chi sta camminandosi dentro vale un nuovo battesimo, una resurrezione.

Un aiutino per il nostro cammino interiore lo potremo ottenere facendo un quarto d'ora di silenzio contemplativo al giorno. Nel silenzio, sgorgano vibrazioni che avevamo sepolto nella confusione, negli egoismi, nei doppi giochi e nel fariseismo che accompagna molti momenti della nostra quotidianità.

Vigilare sempre sulle priorità

Un professore di filosofia, in piedi davanti alla sua classe, prese un grosso vasetto di marmellata vuoto e cominciò a riempirlo con dei sassi di circa tre centimetri di diametro.

Una volta fatto, chiese agli studenti se il contenitore fosse pieno, ed essi risposero di sì.

Allora il professore tirò fuori una scatola piena di piselli, li versò dentro il vasetto e lo scosse delicatamente. Ovviamente i piselli si infilarono nei vuoti lasciati tra i grossi sassi. Il professore tornò a chiedere se il vasetto fosse pieno.

Ed essi risposero ancora di sì.

Allora il professore tirò fuori una scatola piena di sabbia e la versò dentro il vasetto. Ovviamente la sabbia riempì ogni altro spazio e coprì tutto. Gli studenti, tra il riso e la sorpresa, risposero ancora che il vaso era pieno, questa volta senza alcun dubbio.

Niente affatto.

Il professore tirò fuori da sotto la scrivania due lattine di birra e le versò completamente dentro il vasetto, inzuppando la sabbia. Gli studenti risero.

Finalmente il professore di filosofia, abbandonando l'aria misteriosa, disse: «Ho fatto tutto questo perché voglio che capiate che questo vasetto rappresenta la vostra vita. I sassi sono le cose importanti: la famiglia, gli amici, la salute, la fede e tutto quello che riempie di valori la vostra vita. I piselli sono le altre cose importanti ma non determinanti come le prime: il lavoro, la casa, la macchina, il frigorifero, la scuola.

«La sabbia e tutto il resto... Le piccole cose quotidiane.

«Se voi metteste nel vasetto prima la sabbia e i piselli e dopo i sassi, ci sarebbe molto più spazio per le piccole cose e molto meno spazio per le cose più importanti della vostra vita.

«Dovete prendervi cura dei sassi, che devono essere sempre i primi a riempire il vostro cuore, la vostra testa e le vostre giornate.»

Post scriptum: una studentessa alzò la mano e chiese al professore cosa rappresentasse la birra. Il professore, credo di Monaco, sorrise: «Sono contento che sia stata una ragazza a chiedermelo. Volevo solo dirvi che quando avete sistemato i sassi per primi, uno spazio per la birra ve lo meritate».

Dietro le maschere

Finora abbiamo parlato di mela marcia, di silenzio, di pianto, di anima. Un altro aiuto lo potremo trovare nella nostalgia della semplicità e della precarietà e dovrebbe sopraggiungere tutte le volte che iniziamo un'operazione di smontaggio delle maschere che ci hanno complicato fin dalla nostra giovinezza.

Più volte, quando incontro la gente, mi capita di accennare alla seconda faccia. Chi è normale la indossa ogni tanto, chi ne è capace (perché ci vuole una certa abilità) la sostituisce addirittura al volto vero.

Se cammineremo con molta convinzione dentro di noi, smonteremo questi meccanismi infami e toccheremo con mano l'anima della nostra anima, passeremo dall'essere vagabondi della vita a pellegrini.

Da vagabondo... a pellegrino

È pellegrino:

- Chi cammina e sente il canto dei granelli di sabbia sollevati dai suoi piedi nudi.
- Chi cammina e se ne va a capo scoperto: la morte, il vento, l'ingiuria, tutto riceve in faccia senza mai rallentare il passo.
- Colui i cui tormenti sono nulla rispetto alle sue speranze.
- Colui per il quale la morte è nulla più di un vento di sabbia.
- Colui che ha fame e sete di verità. E la verità non la legge soltanto su un libro, non l'ascolta soltanto in un buon discorso o in una conferenza,

ma la mangia. Per lui la verità non è un'idea, ma una presenza.

– Colui che mentre cammina non tiene lo sguardo fisso su se stesso, ma sul primo venuto, cioè su chi si presenta alla sua attenzione, chiunque egli sia. Il pellegrino incontra, a ogni passo, chi si fa avanti.
– Colui che nel camminare non distingue il virtuoso e la canaglia, il barbone e il principe, il nonno e il nipote.
– Colui che conosce poco il vocabolario già scritto. È povero di parole e ricco di spirito: ascolta, parte, va, riceve, prende, lascia, sopporta… e impara. Chi cammina scrive le parole sui tronchi degli alberi.
– Colui che non conosce le mezze frasi, i condizionali.
– Colui che non si preoccupa se non lo amano. Si preoccupa che si amino. Non dice «amatemi», ma «amatevi».
– Colui che avanzando coglie zolle di terra, le raduna e vi semina le sue verità.
– Colui che popola il cielo di arche che volano, di pecore che ritornano, di prostitute che vanno in paradiso, di mendicanti che trovano casa, di bambini che si perdono nel tempio.

Camminare non è una fatica ma la vocazione dell'uomo. Ecco perché sbaglia chi pone una meta oltre il viaggio. La meta è il viaggio!

Attenzione, perché la meta soffoca il viaggio, lo svuota di significato, lo rende mezzo per qualcos'altro. Nel viaggio la meta è già disseminata in ogni passo. Non aspettare ad arrivare, ogni passo è un arrivo, l'orologio una lancetta, il tempo è sempre compiuto.

Mi piacerebbe che il mio viaggio fosse anche pieno di smarrimento, cioè di una scoperta costante di nuove strade, di nuove direzioni, di paesaggi inesplorati e nuove sfide.

E non si tratta di «andare a casaccio», ciechi e tastando il buio. Al contrario. È procedere restando in costante contatto con ciò che si ama, perché ciò che vale la pena di essere amato, e ti mette in cammino, è oggetto di una scoperta sempre nuova. Chi cammina, il «santo dei santi» ce l'ha dentro. Perché nel cuore del pellegrino, che si lascia costantemente alle spalle ciò che non è essenziale, è presente solo ciò che ama. Chi cammina si costruisce il suo santuario, la sua roulotte virtuale, il suo tabernacolo, tutto e solo suo. Chi cammina è tenero e duro, spesso brucia e riconforta.

La bontà è in lui come una materia chimicamente pura, un diamante.

Chi cammina oltre il tramonto del giorno lo perfora, lo trasforma in aurora. Per chi cammina non ci sono tenebre, ma tenere penombre.

Chi cammina di solito si ferma a giocare con il legno, a lavorare con i tronchi, a traforare vincastri da regalare. Questo è il suo rapporto con la materia.

Chi cammina parla di suo padre al futuro, della madre al passato, dei suoi fratelli al presente.

Pellegrino, insieme agli altri

C'è qualcuno che cammina aspettando. C'è qualcuno che cammina affrettandosi. C'è qualcuno che cammina sulle spalle degli altri. C'è qualcuno che cammina nella confusione perché gli sta bene.

C'è qualcuno che seleziona i «camminatori»: dopo che li ha aspettati e selezionati li manda per il mondo a morire martiri.

I martiri dei cammini!

Hai lasciato che molti mettessero i propri piedi accanto ai tuoi in modo che le impronte ti accompagnassero per lunghi percorsi. Li hai visti affondare nel terreno quando il cammino si è fatto pesante e doloroso. Li hai visti sfiorare l'erba quando la vita ha riservato piacevoli sorprese. Li hai visti marcare il terreno con impronte decise quando il passo non poteva rallentare. Li hai visti indugiare quando il dolore e la confusione ostacolavano il passo.

Hai permesso a chi aveva bisogno di te di percorrere un tratto di strada affiancando le tue impronte. Hai lasciato che i poveri sovrapponessero alle tue orme quelle dei loro sandali bucati.

Il pellegrino non smette di «camminarsi dentro»... ma sa «amandonarsi»

Una volta imparato a «camminarsi dentro», scopro che il passo è possibile, ha molto sapore e dà molta gioia, a me stesso e al mondo, se conosco un secondo dono della vita, per il quale devo proporre un neologismo: «amandonarsi».

L'ho inventato abbinando tre concetti in uno solo: amarsi, abbandonarsi, donarsi. Dalla fusione delle tre parole, ricavo, appunto, «amandonarsi».

È difficile amarsi. Ci si ama solo se ci si sa perdonare, se si scopre l'angolino migliore di sé. Diversamente, potremo solo arrabbiarci con noi stessi, prima o poi, e perfino odiarci. Nessuno può amare la parte peggiore di sé. Il giorno in cui troviamo in noi un angolino positivo, da quel momento inizierà il nostro vero percorso di recupero. Non solo, ma anche l'angolino peggiore si illuminerà.

Chi ama scopre il perdono e lo trasforma in resurrezione.

È possibile amandonarsi se ricordiamo, e di nuovo ogni giorno sperimentiamo, l'esperienza dell'Arca di Noè.

Per passare da corvi a colombe, urge ricordare chi nella vita ci ha amati, chi ci ha messo dentro l'Arca di Noè.

A me piace molto la storia dell'Arca. Noè ha permesso che gli animali selvatici vi entrassero, tutti. A tutti noi un giorno qualcuno ha detto: «Sei selvatico, ma entra lo stesso». Così dicendo, ci ha salvati, lasciandoci selvatici. L'Arca ci salva custodendo intatte le nostre caratteristiche, non ci manipola.

Vorrei ripetere una frase che dico sovente a me stesso: «L'amore ci libera da noi stessi lasciandoci noi stessi». L'amore vero, liberatorio, rigenerativo, dopo aver scoperto la nostra anima, ci permette di capire che possiamo comunque amare donandoci a noi e agli altri gratuitamente e simultaneamente.

Questa società preoccupa perché non sa perdonare. Chi ama, invece, scopre il perdono e lo trasforma in resurrezione.

Dobbiamo in ogni modo scoprire la colomba che è in noi. Poi aprire la finestra dell'Arca e spedirla verso il cielo riconciliato dall'arcobaleno, a testimonianza di una limpidezza riconquistata.

Nell'Arca ci sono tre tipi di uomini e di donne. Ci sono uomini e donne che odiano la vita perché si sentono sfigati e perdenti. Ci sono uomini e donne che sfruttano la vita perché si sentono furbi e vincitori. Ci sono uomini e donne che si meravigliano della vita.

Vorrei che fossimo tutti capaci di vivere la nostra vita in modo così intenso da lasciarci inondare dalle sue meraviglie, cancellando le paure dei perdenti e le furbizie dei vincenti.

Scelgo di stare sulla strada

Essere sulla strada significa sapere che il nostro destino ma anche la verità non sono qui, non li possediamo ora (questa è la condizione del pellegrino), significa condividere la precarietà e la sobrietà (ci sono molti rischi e poche certezze), sapere che la testa e il cuore non bastano, che servono anche i piedi (fuor di metafora: gli aspetti pratici della vita sono essenziali come quelli teorici).

Essere sulla strada impegna a porsi delle mete, ci scopre non-completi, non-arrivati. Essere sulla strada è la dimensione antropologica dell'uomo, umile non per scelta (!) ma per costituzione.

Essere sulla strada esige autoeducazione: educare se stessi per educare gli altri. Chi sta sulla strada non può stare fermo, è sempre in ricerca.

Non è una strada qualunque. Ha una direzione precisa: la liberazione dalla schiavitù.

Appunti

1. La ricerca di una vita nuova e diversa, di una vita di qualità, sembra spesso una questione di difficile equilibrio tra «avere» e «essere». Non è così. Lo si capisce quando assumiamo una diversa prospettiva: la vita è cammino.
2. Noi siamo la nostra narrazione. Se non ci mettiamo in cammino, non vivremo una storia e non avremo alcuna narrazione.
3. Il cammino ha una meta – che poi si scoprirà diversa da quanto avevamo immaginato. Per il cammino prepareremo quanto necessario: è

qui che l'«avere» (ciò che serve davvero a camminare) e l'«essere» (cioè la capacità di adattarsi alle evenienze del viaggio) si incontrano proprio perché abbiamo smesso di considerarli a partire dallo stare fermi.

4. Più che un camminare, il nostro deve essere un «camminarsi»: viaggiare nell'anima, a cominciare da una sua purificazione, passando, perché no, anche dal dolore e attrezzandoci con momenti di silenzio quotidiani.
5. Cercando la verità, e abbandonando le maschere che usiamo per presentarci agli altri e a noi stessi, da vagabondi della vita diventeremo pellegrini.
6. Il pellegrino lo si riconosce da una serie di segni, che abbiamo elencato (almeno parzialmente).
7. Il pellegrino cammina insieme agli altri.
8. Il pellegrino sa «amandonarsi», termine che deriva da amarsi, abbandonarsi e donarsi fusi insieme.
9. Faremo strada, dentro e fuori di noi, se sceglieremo di restare sulla strada.

2
Educare, educarsi ma prima di tutto scoprirsi

Imparare dalla vita, quella vera

Torno a una mia mania: aiutare ognuno a scrivere la sua autobiografia, la sua piccola Bibbia.

L'autobiografia non è soltanto fare un diario: significa guardarsi dentro, imparare a conoscere aspetti di sé sconosciuti. Tutti noi abbiamo pezzi di storia, più di quanto pensiamo, e scandagliarli può aiutarci a scoprire le nostre radici, le nostre viscere interiori, spesso sconosciute e sepolte sotto la polvere della cronaca.

Noi non siamo figli della nostra storia ma di interpretazioni teoriche, principi, postulati, abitudini. Siamo diventati grandi solo teoricamente. Tutto quello che chiamiamo educazione sono regole. E ciò che non rientra nel campo delle cosiddette regole è considerato maleducazione.

Che invece è la vita.

Ci viene insegnato a comportarci decorosamente, a vestirci in un certo modo e via di seguito, secondo un'educazione impostata da un punto di vista razionale. Ma nessuno ha pensato e pensa alle nostre emozioni, ai sentimenti, alle sconfitte, ai desideri bruciati. Abbiamo sempre preso come oro colato le parole, le teorie, i complessi individuati dagli esperti.

Siamo figli dei teoremi edipici, dei complessi psicanalitici.

Un'educazione mal interpretata ha abbinato il cervello all'anima e ha provocato disastri. Si cresce anagraficamente, con formulette superficiali, ignari dell'infinito che ci portiamo dentro.

Non solo: preoccupato di imparare e rispettare le regole, e di essere all'altezza delle attese su di me, sarò io capace di diventare «noi»? O sarò sempre io e solo «io»? Il tu, l'altro, il prossimo, il diverso avranno spazi vitali nel mio profondo?

Siamo più grandi di ciò che conosciamo di noi stessi

Voglio intraprendere un percorso che non è basato sulle teorie, finalmente! Voglio offrirvi un'altra prospettiva: quella secondo cui il nostro «non-io» (l'io che non conosciamo o che non capiamo) è infinitamente più grande dell'io che conosciamo. È più ricco, più affascinante, ma è rinchiuso tra le pieghe del quotidiano. E l'unico modo per conoscere meglio noi stessi è il rapporto caldo, affettivo con l'altro, lì dov'è e come è.

Solo l'amore, il sentimento, può consentire al nostro io di diventare tu e poi noi, svelando, proprio così, a noi stessi il nostro sterminato panorama interiore.

Il vecchio modo di educare non ci fa «persone». È un ammasso di correzioni. Il nostro io si mette in regola, ma non esperisce se stesso. Aderisce a una normalità, spesso per essere accettato, ma perde la sua originalità.

Se riusciamo ad ascoltare la nostra storia e non le correzioni che l'hanno determinata, allora si potrà fare un buon lavoro educativo: tutti potremo crescere.

Pensiamoci bene: oggi per essere normali bisogna essere artificiali. Se non si è artificiali si è considerati borderline. La pedagogia «tira fuori» («educare» viene dal latino *ex-ducere*, «trarre fuori») un omuncolo, lasciando dentro l'uomo. Così il non-io continua a essere un mistero, e l'io una sovrastruttura.

Coloro che sono liberi dagli artifici sono i bambini, i folli, gli anziani.

In questa società si parla di educazione come di un edificio da costruire, un supermercato da inaugurare. «Nudi per essere» non è uno slogan che fa opinione. Ma il vero educatore è colui che semina nel terreno del «non-io», cioè nella parte di noi che ancora non è venuta alla luce, non colui che costruisce. E come ogni buon seminatore, semina e poi aspetta.

Noi siamo figli dell'eternità, non dei geometri e degli architetti. Se mi libero di tutto quello che mi hanno costruito intorno, mi accorgo di essere neonato; torno, come il bambino, a giocare, con il tempo che non passa. Mi conosco quando comincio a uscire dall'io, e divento me.

Siamo calendarizzati, crediamo che i giorni siano mattoni: chi ha più mattoni è più fortunato.

Se c'è un'educazione sbagliata, è quella vigente. Don Bosco ha capito che era più importante giocare. Il resto veniva dopo. Si diventa grandi attraverso il gioco, la bellezza, le emozioni. Non attraverso il greco, la grammatica ecc… Oggi si preferisce che il figlio sia laureato. Magari stupido, ma con il titolo di dottore.

Noi educhiamo su una scacchiera. Ogni mossa è prestabilita. È più importante il gioco dei giocatori.

Ognuno di noi deve essere funzionale al sistema. Meglio: alla vincita.

Società, scuola, Chiesa hanno rovinato ciascuno di noi per adattarci a un gioco, dentro a una scacchiera che ci rende dipendenti, castrando la nostra testa e il nostro cuore.

Il gioco della scacchiera è mortale, uccide la mia storia. Non fa più pensare, riflettere. È di una tristezza infinita. Più mi conosco, meno mi conosco. È proprio dal non conoscersi che inizia la nostra avventura. L'infinito che è in noi è poesia, è arte, rabbia, dolcezza, sogno.

Il centauro e il rischio di non essere

Riflettiamo a partire da una piccola storia.

C'era una volta un centauro che, come tutti i centauri, era metà uomo e metà cavallo.

Una sera, mentre passeggiava in mezzo a un prato, ebbe fame. «Che cosa posso mangiare?» pensò. «Un hamburger o un sacco di erba medica?» Non sapendo decidersi, rimase a digiuno.

Arrivata la notte, il centauro si domandò dove dormire: «Nella stalla o in un albergo?». Non sapendo decidere, rimase senza dormire.

Senza mangiare e senza dormire, il centauro si ammalò. «Chi posso chiamare: un medico o un veterinario?» Non riuscendo a decidersi, il centauro morì.

La gente del paese andò a visitare la salma del centauro, si commosse e provò tanta pena. «Bisogna seppellirlo, ma dove? Nel cimitero del paese o in campagna con gli altri animali?» Nessuno voleva decidere... E lui è ancora lì.

Poiché questa storiella era scritta in un romanzo intitolato *Il centauro*, stufi e nervosi i paesani cercarono l'autore, lo trovarono e gli dissero: «Per favore, lo fai resuscitare, magari solo animale?».

L'autore cambiò il finale e li accontentò. Ma, da quel che se ne sa, l'autore l'ha fatto resuscitare a tempo determinato: presto la questione del suo destino si ripresenterà.

Questa triste storiella ci parla di un essere che è vissuto senza sapere se era uomo o cavallo: persino da morto ha suscitato il dubbio negli altri se seppellirlo con gli uomini o con gli animali.

È la non-identità.

Invece di continuare ad affrontare la questione dell'identità attraverso le pratiche psicanalitiche, perché non iniziare a tuffarci dentro di noi, curiosi di scoprire la nostra terra promessa? In questo modo quello che prima, non rientrando nella norma, era considerato errore, persino da noi stessi, e spaventava, ora non spaventa più. Anzi, ci carica di energia.

Il centauro della piccola storia si è posto tante domande a proposito di cosa fosse «giusto» fare, ma non è mai rientrato in se stesso per cercare la propria vera, e sicuramente originale, identità: non uomo, né solo cavallo, ma qualcosa di speciale e di unico.

Una scelta liberante

Se si comincia a uscire dal proprio «io», diminuendo la preoccupazione per la propria «identità pubblica», si perde la sicurezza artefatta, la si smonta. Allora emerge, con nostra meraviglia, la nostra fragilità costruttiva, intelligente, che offre una lettura diversa della vita.

Questa pratica è dinamicità, creatività.

Smontare se stessi significa percepire le proprie emozioni. E le emozioni più forti si manifestano quando ci si toglie la maschera. Le emozioni più forti, che siamo soliti soffocare, sono la collera, la tristezza, la paura, la gioia. Come esprimerle perché diventino momento di dialogo con l'altro? Perché questa è la via: le emozioni manifeste creano incontri, e l'incontro con l'altro a sua volta tonifica le mie emozioni.

Dobbiamo diventare più genuini, autentici. Il tesoro che teniamo dentro e che sottovalutiamo esige e prepara un umanesimo nuovo. Abbiamo una ricchezza umana, dentro, che è immensa, ma inesplorata e muta.

Dobbiamo diventare emotivi. Prima di tutto emotivi, poi razionali. Se l'intelligenza accademica ci ha rovinato, quella emozionale ci salverà. Essa infatti usa metodi che quella razionale non userà mai. Quella razionale ti manda dallo psicologo, quella emozionale ti dà in mano una chitarra o un pennello, ti fa cantare o dipingere. E chi canta si libera dal bisogno di strafare, di primeggiare, perché sta vivendo un'armonia che non dipende dal confronto con l'altro, tantomeno dalla competizione, ma si nutre di se stessa. Più voci, anche molto diverse, si uniscono nel canto: se competono, tutto risulta stonato.

Condividere emozioni prima che idee, come

membri di un coro, ci mette sulla via del diventare e restare umani.

Affilare la nostra ascia

Un altro racconto, per aiutarci a riflettere.

C'era una volta un boscaiolo che si presentò a lavorare per una segheria. Salario buono, padrone simpatico, lavoro semplice: abbattere alberi.

Il padrone gli diede un'ascia, gli assegnò un pezzo di bosco e gli augurò: «Buon lavoro!». A sera aveva abbattuto diciotto alberi.

«Complimenti» gli disse il padrone. «Avanti così!»

Il giorno dopo, esaltato dall'incoraggiamento del capo, si mise subito all'opera nel tentativo di superare il risultato del giorno precedente. Fatica, impegno, entusiasmo. Ma alla sera gli alberi abbattuti erano solo quindici. Strano!

Andò a letto presto, curò meglio la cena, convinto che la stanchezza e la fame gli avessero fatto un brutto scherzo. La terza sera, però, gli alberi che consegnò furono dieci.

Nonostante la fatica e l'impegno, ogni giorno gli alberi abbattuti diminuivano. Stanco, umiliato e avvilito, andò dal padrone con l'intenzione di licenziarsi. Non era il suo lavoro, disse. Sparito l'entusiasmo, la fatica era massima, si lamentò.

«Scusi...» Il padrone non lo lasciò proseguire. «Quando è stata l'ultima volta che ha affilato l'ascia?»

Ogni tanto dobbiamo fermarci e affilare l'ascia. Non bisogna farlo per gli altri, ma per noi stessi. Liberiamo la nostra mente dall'ansia, dalla voglia di strafare, di portare a casa risultati. Perché l'educazione, di se stessi e degli altri, non è una questione teorica: la vita è storia. Per tutta la vita, in ogni minuto si porta a casa qualcosa, anche se quel minuto appare perduto o inutile.

È un percorso e un'avventura permanente: più avanzi nella vita e più la vita, se non la sottoponi a una costante e soffocante verifica, diventa giovane, creativa, innovativa. Il contrario del concetto di costruzione, perché la costruzione a un certo punto finisce. La semina dell'albero non finisce mai, ricomincia sempre. Chi vive la vita così è sempre giovane.

Siamo giovani quando riusciamo a liberarci dei panettoni di cemento che hanno bloccato la nostra strada. Noi siamo personaggi che complicano tutto, perché leggiamo le cose in modo drammatico: spaventati dal rischio di fallire, dalla paura di perdere occasioni, tempo, attenzioni, guadagni, conquiste e progressi, ogni giorno diventa una prova da superare.

Viviamo così, perché non sappiamo leggere quanto di ricco e straordinario c'è dall'altra parte di noi, quella che anche gli altri hanno sempre sottovalutato. Dobbiamo imparare a liberare quello che abbiamo dentro, al di là dell'idea che ci siamo fatti di noi stessi. Riscoprire le ricchezze emozionali. Visitare la parte della nostra interiorità più ricca e vergine.

Verso il benessere interiore

Per arrivare al benessere interiore, dobbiamo fare alcuni passi: innanzitutto, abbandonare la fabbrica delle teorie, la falsa fabbrica dei bisogni e dei limiti.

Devono passare anni prima di arrivare alla consapevolezza di sé, di ciò in cui si crede e di ciò per cui vale la pena spendere l'esistenza. Capita spesso che, magari a distanza di molti anni, ci si rimetta in gioco con un carico di esperienza sulle spalle che cambia il modo di vedere le cose. Solo dopo aver capito da che parte della vita si vuole stare si possono concentrare le energie e le risorse verso un obiettivo.

È faticoso remare contro una corrente opposta. Snervante cercare di lasciare il tuo testamento morale con la speranza che venga accolto da chi arriva dopo di te. Ma è liberante sapere che pur facendo i conti con la propria mediocrità, con i propri limiti, con la tentazione di guardarsi indietro, con la paura del confronto, tutto assume una dimensione diversa che permette di lanciare lo sguardo all'infinito guidando il cammino su terre sicure.

Vorrei sognare un recupero di armonia. Quella con noi stessi innanzitutto. Il bello dentro che rende bello fuori, che ci fa essere dentro e con gli altri, che investe sulle relazioni e che ci permette di non essere banali, ma di stabilire rapporti autentici con coloro con i quali vale la pena scommettere l'esistenza.

Il bisogno di amore, quell'amore autentico che sostiene al di là dei limiti e delle distanze. Quell'amore che non parla ma ascolta, che non vede ma guarda. Quell'amore che stupisce e che rende stupiti; che fa nascere il desiderio di stare con l'altro per condividere; che chiama da lontano, che alza gli occhi al cielo. Quel desiderio di vicinanza che ci fa sentire meno soli anche nelle scelte non condivise, nel rispetto dell'altro scelto o arrivato, nel desiderio di contatto che ci lascia tranquilli nei momenti bui e solitari.

Il giusto peso e la giusta misura a tutto ciò che gira attorno, ai pensieri e alle sensazioni, alle scelte e anche alle non scelte, alla gioia e alla sofferenza.

I camminatori veri sanno dove appoggiare i piedi e dove appoggiarsi con le mani. Come il «lampadiere»: colui che mette la luce in cima alla canna e mette la canna sulla spalla con la luce rivolta all'indietro, in modo che altri possano seguire tranquillamente il sentiero. Mi sono chiesto come possa il lampadiere vedere la strada davanti. Mi piace pensare che ci sia un cammino già tracciato, un terreno sicuro dove appoggiare il piede solcato da migliaia di tracce che altri prima hanno lasciato. Così il cammino del lampadiere risulta sicuro. È forse questo lo stare dalla parte buona della vita?

Quando si diventa maturi? Quando liberiamo il divino e l'infinito che è in noi si mette in cammino. Si tratta di un'educazione e di una visione di vita all'insegna della dinamicità, della superiorità dell'essere sull'apparire; del farsi e del disfarsi di fatti reali; dell'identità ricca di passioni, impegni, sogni, sacrifici... e di tanta poesia.

Appunti

1. Invece che affidarci a teorie e modelli ai quali dovremmo imparare a corrispondere mettendoci a interpretare ruoli, facciamo attenzione alla vita vera e a quanto essa ci insegna di noi stessi e degli altri.
2. Siamo più grandi di quanto conosciamo di noi stessi. L'evoluzione della nostra persona passa attraverso la scoperta di noi stessi e le sorprese per lo più emozionali, e non ideali, che la vita ci concede.
3. L'essenziale è non restare a metà, come il centauro che, non sapendo se vivere e provvedere a se stesso da cavallo o da uomo, si consumò fino alla morte.
4. Scegliamo di uscire dalle nostre zone sicure e di diventare emotivi: le emozioni manifeste creano incontri, e l'incontro con l'altro a sua volta tonifica le nostre emozioni e ci fa crescere.
5. Impariamo ad «affilare la nostra ascia». Non diamo per scontati gli esercizi di liberazione interiore, di autenticità, di sviluppo delle emozioni, di disponibilità, di armonia e condivisione con gli altri.
6. Lavoriamo su noi stessi e tutti insieme per un

recupero di armonia. Non dimentichiamo che chi ci ha preceduto ha qualcosa da insegnarci e porta sulle spalle un lume che ci aiuta a orientarci nel cammino.

3
Diversamente educatori

Educazione: tutti ne sanno qualcosa, ma è vero?

Un uomo, una donna, un ragazzo, una ragazza, un essere umano in cammino verso una vita nuova deve avere due fortune: incontrare educatori credibili e, almeno in parte, diventare un buon educatore di se stesso. Senza dimenticare, come abbiamo detto, che non c'è sforzo buono che si possa fare davvero bene in completo isolamento.

È l'educatore che fa l'educazione o viceversa? (La solita storia dell'uovo e della gallina.) L'educazione è laica, ebrea, cristiana, buddista, di destra, di sinistra, dei salesiani, della CEI? (La solita storia dei rossi o dei bianchi, o di qualsiasi «partito».) L'educazione è metodo, teoria, ricetta, ideologia, modello di perfezione da imitare, testimonianza?

(E qui ognuno tira fuori i suoi «amuleti», da Mario Lodi a don Milani.)

Mai come in questi ultimi anni l'educazione è accademia, cariatide, divinità esaltata, circondata di rispetto, ma anche vilipesa. A proposito dell'educazione tutti sanno di tutto: genitori, docenti, bidelli, allenatori, preti, psicologi, assistenti sociali, registi, vigili urbani, tassisti... Sotto la parola «educazione» in tanti sprecano un intero vocabolario.

Provo a raccoglierne una parte.

Educare è:

dare regole, tirar fuori i difetti, mettere dentro i valori, scegliere, ascoltare, correggere, accompagnare, non viziare, armonizzare, pazientare, obbedire, combattere, limitare, dare priorità, faticare, testimoniare, cominciare, ricominciare, formare, assistere, aiutare, sgridare, punire, sbugiardare...

Da «educazione» a «educabilità»: l'educatore educabile

E se scoprissimo l'acqua calda, uscendo da questo equivoco secolare, e sintetizzassimo, o meglio inglobassimo, l'intero vocabolario a proposito dell'educazione attorno a uno stato d'animo e di vita che va sotto la voce «Educabilità»?

Solo chi è educabile è permeabile alla grande avventura educativa.

Ma ci domandiamo: educabile a cosa? Educabile per cosa? Educabile con cosa? E io, insieme ai miei collaboratori, sento di dover rispondere anzitutto così: si tratta di rendersi sensibili all'unico grande testo educante, cioè i piccoli eventi quotidiani, i luoghi comuni, i segni, le orme, le persone che incontriamo o «contro» le quali andiamo a sbattere, o da arrabbiati o da superficiali o da «specialisti».

L'educatore educabile trasforma, affascina, forma, metabolizzando «la banalità».

Perché educare non significa tirar fuori o mettere dentro polverine, ricette magiche, valori trovati tra gli scaffali della nostra cultura libresca. Non esiste dentro di noi il meglio e il peggio. Noi non siamo granaio, soffitta, scantinato, scaffale, buco nella terra, cestino, ripostiglio o supermercato. Questa mentalità ha spesso minato i già pochi risultati dell'impresa educativa.

Educare è far crescere, sviluppare, armonizzare, far maturare le potenzialità che ognuno di noi si porta dentro (senza buttare niente): Sentimento, Paura, Intelligenza, Conoscenza, Fragilità, Corporalità, Sessualità, Spiritualità, Emotività, Aggressività, Malessere, Amicizia... tutto!

E per restare educabili, e solo in quanto tali educatori, ecco una lista di verbi, di azioni dunque, che non bisogna mai perdere di vista e che in questo libro sto cercando di illustrare: Camminare, Camminarsi, Amare, Amandonandosi, Seminare, Recuperare, Esplodere, Crederci, Fissare le priorità, Testimoniare, Appassionarsi.

Ma educare chi? O quale parte di noi?
Mettere in moto uno «scartino»

Scartino... da scarto. Ho fatto un po' di giri sui vocabolari, e mi sono divertito nell'apprendere l'ampiezza di questo nome/aggettivo. Indicherebbe una serie di condizioni economiche, politiche, lavorative, sociali, ludiche, culturali.

Facciamo l'elenco, così ci capiamo meglio. «Scarto» significa inutile, senza valore, perché precario, difettoso, inetto, carente, rifiuto, rottame, relitto, ritaglio, scampolo, avanzo, fragile, scorza, scadente...

L'educatore «diverso», di se stesso e degli altri, è uno specialista nel recupero degli oggetti perduti, o meglio dei soggetti perduti, degli irrecuperabili, dei borderline, dei pezzi espulsi dalla maledetta catena di montaggio della società dei normali. Per la società che conta, lo scartino è un pezzo riuscito male, che tramite la macchina programmata con l'algoritmo più efficace viene subito scartato.

Nella lunga esperienza di Exodus, il nostro modo di educare ha accettato gli scartini vivendoli serenamente da scartini, con modalità diverse di «piccoli esodi», cioè coinvolgendo queste persone in viaggi vissuti in comune: occasioni per mettersi in moto e mettersi alla prova in luoghi mai prima visitati, con compagni non scelti da loro, senza garanzie di comfort e quindi aperte alle sorprese e con lo stimolo di adattarsi all'imprevisto.

Il viaggio, l'esodo, come avamposto verso una possibilità di vita nuova, ancora ignota, ma nascosta e da scoprire, andando oltre, camminando e camminandosi.

Si trattava soprattutto di giovani e giovanissimi con seri problemi. Essendo quei ragazzi «diversi», avevano bisogno di percorsi diversi, più semplici, meno intellettuali, meno formali...

La pedagogia degli educatori educabili

Tuttavia, era rimasto un vizio di fondo: loro erano i diversi e noi i normali. Normali un po' speciali, magari, ma comunque normali.

Oggi penso che noi tutti dobbiamo fare un triplo salto mortale e pensare che gli scartini sono più normali dei normali. Vale nei confronti degli altri, ma vale anche nei confronti dello «scartino» che è in noi, cioè la parte che ci pesa, che proprio non ce la fa a stare al ritmo delle nostre idee e dei nostri sogni. Figuriamoci delle nostre ambizioni.

La società liquida si è liquefatta e ha obbligato i cosiddetti normali a crearsi una bardatura da subacquei: talmente idrorepellente e robusta da sostituirsi alla pelle, al cervello, al cuore. Per cui il diverso è diventato il sopravvissuto, che non avrebbe proprio niente da insegnarci.

Ora invece io propongo di immedesimarci nello scartino che è fuori di noi e in noi. Per cui non saranno più solo «loro» gli scartini, ma noi!

Da questo deriva la «pedagogia degli educatori educabili», cioè quella di chi, avendo accettato di essere egli stesso uno «scartino», mentre lavora con gli altri (e a volte sugli altri) non smette mai di lavorare su se stesso e di farsi lavorare, dagli altri e dalla vita.

Una volta un poeta si è fermato accanto a una lucciola e le ha detto: «Sventurata lucciola, come deve essere triste brillare di notte».

«Sventurato poeta!» ha risposto lei. «Io brillo di notte come di giorno. Ma sei tu a vedermi solo di notte, orbo indelicato.»

Solo l'educatore scartino vedrà le lucciole brillare di giorno.

Un educatore... scolpito sulla roccia, visibile e credibile

In un paesino di una manciata di case, raccolto nel fondo di una delle tante vallette del mondo, gli abitanti si tramandavano una strana leggenda.

Impressa nel crostone della montagna, proprio di fronte al campanile, si delineava con segni ben precisi la figura di un uomo dal volto stupendo. Gli abitanti dicevano che un giorno o l'altro quell'uomo sarebbe uscito dalla pietra, sarebbe disceso nel paesino per liberarlo e portarlo agli splendori della nuova civiltà del terzo millennio.

Un bambino piccolo piccolo e molto curioso, di nome Fortunato, fu particolarmente colpito da questa idea, tanto che quasi a tutte le ore del giorno e della notte si appostava sull'uscio di casa per guardare quell'uomo e per lasciarsi affascinare dal suo sguardo.

Anche i suoi pranzi e le sue cene, li consumava

anno dopo anno sui gradini dell'uscio di casa. Per la gente del paese, Fortunato era un ragazzo strano e molto diverso da tutti i suoi coetanei. Perfino la mamma, una sera, osservandolo scoprì che aveva perso le sue sembianze e stava assumendo invece quelle dell'uomo della rupe. Stesso volto, stessi occhi, stesso profilo del naso.

Fortunato un giorno sparì e sparì anche il graffito sulla rupe.

L'educazione è un po' tutto questo. È l'arte di trasformare le pietre in uomini, il pane in eucarestia, le domande in speranze, i templi in case, i giovani in protagonisti.

Il cantico dello scartino

Qualcuno ha avuto il coraggio di inventare il *Cantico dello scartino*. Un'operazione rischiosa! Però c'è riuscito, e questo cantico lo inserisco dentro di me nel pezzo di cuore che mi è rimasto intatto.

> Benvenuto scartino, nel mondo degli anonimi di lusso, quelli che non hanno bisogno del nome. A loro basta il titolo, il potere, il ruolo politico, religioso... il peso istituzionale.

Benvenuto scartino, quello con il nome piccolo, ma vero, che si legge a fatica in fondo all'ultima pagina.

Benvenuto scartino, senza titoli, senza false strette di mano.

Benvenuto scartino, perché tu sai entrare zoppicante e senza disturbare dalla porta di servizio, quella che accoglie i pellegrini con i piedi sporchi di polvere e sangue, carichi di fatica, piagati e mangiati dalle pietre.

Benvenuto scartino, perché ti rifiuti di leggere i giornali, i libri grossi, le enciclopedie, i trattati.

Benvenuto scartino, a te basta ascoltare, cantare, camminare, sorridere. A te basta poco: bastano gli avanzi di quelli dai nomi grossi, di quelli dai nomi che non sono nomi, ma soprannomi (sindaco, onorevole, presidente, dirigente, monsignore...).

Benvenuto scartino, perché ti sei trovato senza volerlo in compagnia di strani scartini: Mosè, Noè, Francesco, Maria, Benedetta, Maddalena, Pietro.

Benvenuto scartino, tra i sogni che solo i folli possono sognare e i poeti possono inventare.

Benvenuto scartino, ti credevamo mezzo morto, imbottito di rifiuti, squilibrato, bastardo, con poca testa.

Benvenuto scartino, perché sei fatto così! Perché hai scelto situazioni ingenue, relazioni tenere, sentimenti di altri tempi, sentieri mai battuti, convivenze impopolari.

Benvenuto scartino, perché sai sorridere tra le disperazioni, perché sei scorbutico con chi inscena manfrine, perché capisci prima degli altri le solidarietà ipocrite mescolate a proposte meschine e tiepide.

Poi, caro il mio scartino, ti ritrovi ancora una volta con infinita meraviglia, citato nella parabola del Buon Pastore, nei pensieri di Pascal, nell'Innominato di Manzoni, nei romanzi di Dostoevskij e sul ciglio della strada che scende a Gerico, mentre ungi il tuo prossimo, con l'olio della salvezza e l'aceto della fortezza.

Perché gli scartini camminano cercando, guardando l'altro, scovando il meglio di lui, con lo sguardo alto, per difendere la non-identità, scoperta e misteriosamente custodita dentro il meglio sconosciuto dell'altro scartino.

Benvenuti scartini, nel mondo dei nessuno, di quelli che non hanno bisogno di occhi per vedere, di mani per accarezzare, di bocche per baciare, perché i nessuno amano, baciano, vivono, vedono con la costola dell'altro. Perché i nessuno hanno trovato un nome che significa tutti gli altri nomi.

Dal diario di una «educatrice scartina» di Exodus

Mio nonno si chiamava Arturo, che, per quelli che amano il significato dei nomi, significa «pietra». Mio nonno Arturo lavorava la terra. Mi piace dire «lavorava la terra» piuttosto che «faceva il contadino». Lui la «lavorava», la conosceva profondamente, la viveva, la toccava con le mani, la «sudava»... aspettava con calma che desse i frutti, soffriva per una grandinata che poteva distruggere tutto e si graziava di un'alba che accarezzava le sue piante.

Mio nonno lavorava la terra, lo si vedeva dagli occhi, dalle parole, dai gesti, aveva passione per la terra.

Lavorava la terra e mi diceva: «Sembra quasi che Dio abbia raccolto tutte le pietre di tutta la Terra e le abbia *simmanate* tutte qui!».

Simmanate, sia chiaro: «seminate» e non piantate. Perché seminare dava il senso della casualità, della quantità e della selezione naturale. Mentre piantare dava il senso dell'ordine e del definito. Per carità, serve anche quello, e lui ne ha piantati di filari lunghissimi. Ma la semina era un rito e aveva una sua poesia.

La mia terra è rossa e le pietre *simmanate* non puoi non notarle. Mio nonno, come tanti altri, era abituato a togliere le pietre mentre lavorava la terra. Quelle pietre non venivano scartate, venivano solo messe da parte, poi selezionate, scelte... recuperate. E quelle pietre sarebbero poi diventate i muretti a secco che disegnano il profilo dei campi, le pajare che li abitano e i vasi per i fiori che abbelliscono i cortili.

Le pietre sono da sempre nella mia vita. Me le ha trasmesse mio padre Dionisio. Mio padre è un muratore (non per scelta, ma quella è un'altra storia), ma io lo considero un artista della pietra.

Mi ha sempre detto: «Quando guardi la piantina di una casa, devi già immaginartela in tre dimensioni, devi vedere le pareti, le finestre, gli archi...». E mi vengono in mente i pomeriggi d'estate passati insieme nel cortile di casa a disegnare «cartamodelli» di archi, di volte a stella, di testate d'angolo. Mi piaceva stare con lui a tagliare forme di cartone e polistirolo. Si materializzavano opere d'arte, come i caminetti, gli archi di pietra a vista o le rifiniture in pietra leccese, che ancora ama realizzare.

«Papà, ma dove vanno poi tutti questi scarti di mattone?!» domandavo.

«Li mettiamo da parte e li usiamo poi, per l'*inchiamento.*»

«Cos'è?»

Il significato letterale sarebbe «riempimento». Sono tutte quelle pietre di varie dimensioni, pezzi di mattone rotti, scarti che si utilizzano per appianare i pavimenti o riempire le fondamenta o le muraglie delle case prima della colata di cemento.

«Servono anche quelle» mi insegnava, «le pietre di *inchiamento.*»

Le pietre sono con me da sempre, sono le mie fondamenta e i miei punti di riferimento. Quelle scartate, soprattutto. Sono figlia di un ragazzo che a 17 anni è emigrato in Svizzera. Uno scartino di 17 anni che ha studiato da solo il tedesco. E il suo vecchio capo lo ha cercato ancora per anni, una volta tornato in Italia, quando ha deciso di far crescere i suoi figli nella sua terra natale.

Il tedesco? Lo parla ancora benissimo.

Sono figlia di una bambina che ha dovuto rinunciare a studiare, perché la prima figlia femmina al Sud diventa una piccola mamma per i suoi fratellini... uno scartino bambina che è diventata una sarta, come altre bambine della sua età. E la sua bacchetta magica sono l'ago e il filo.

Ho studiato con passione la matematica e con la stessa passione la storia dell'arte. Ho scelto una facoltà che i miei non capiscono ancora (Tecnica Pubblicitaria): mio nonno pensava diventassi un tecnico per le antenne televisive e mia nonna sperava prima o poi di vedermi in tv.

Ho dormito notti in sale d'aspetto di stazioni remote, in treno poggiata alla porta del bagno o sul seggiolino in corridoio. «Ma chi me lo fa fare?»

Ho vissuto per anni con coinquilini stravaganti, sconosciuti che mi hanno raccontato tutto della loro vita e a cui io ho raccontato tutto della mia... e che poi non ho più rivisto. Sono diventata, per forza o per DNA, chissà, un'emigrante del terzo millennio, sono partita per andare a studiare quello che avrei voluto fare da grande e sono ripartita alla ricerca di un lavoro per cui avevo studiato e dormito sui treni.

«Ma chi me lo fa fare?»

Vengo dalla terra delle pietre scartate e dalla terra lambita da due mari. Ora vivo in una città a mille chilometri da casa. «E se Milan c'avesse il mare...» recita un vecchio detto. «Ma chi me lo fa fare?»

Ho dovuto imparare a stare in equilibrio, perché questa città, Milano, ha due forze: la centrifuga e la centripeta. O ti espelle o ti ingloba, sta a te trovare l'equilibrio. «Ma chi me lo fa fare?»

Ho raccontato e racconto anche oggi balle ai miei, dicendo che va tutto benissimo, anche quando il mio malessere urla. Ho accettato lavoretti che non mi permettevano nemmeno di pagare l'affitto. Be', ora non è cambiato molto. Ho accettato un lavoro senza fare un colloquio.

Quando un giorno qualcuno al telefono mi ha detto: «Benedetta dal cielo... stai lavorando?».

«Sto cercando» ho risposto.

«Bene, il 7 gennaio vieni qui!»

Quel giorno non sapevo che quello era stato un colloquio di lavoro. Il 7 gennaio 2004 mi sono presentata e... «Quella è la tua scrivania». Non l'avevo capito e non lo capisco ancora: perché ho accettato questo e non l'altro lavoro, per cui avevo superato un «vero colloquio» e dove mi avrebbero dato uno stipendio più alto? Perché a Exodus? Ma chi me lo fa fare?

Sono anni che «non capisco», eppure resto qui! Come pietra scartata che aspetta di trovare posto: i muretti a secco non sono pietre accatastate lì a caso. E qui ciascuno dei presenti, «normali» e «speciali», sta cercando il suo spazio nel muro.

Il metodo dell'educatore scartino

Gli scartini ci aiutano a inventare una civiltà di minoranza. Dalla civiltà delle masse, dei potenti, dei padroni, dei professori, delle ideologie, alla civiltà dell'uomo fragile. Cioè di un uomo che ha bisogno della fragilità dell'altro.

È solo attraverso questi legami, queste relazioni fragili, che si sente il coraggio di vivere, la voglia di scoprire il mondo e di capire che nessuno è forte e potente. Scendere dai piedistalli ieri non lo abbiamo fatto, perché il piedistallo era parte integrante delle nostre identità.

Finalmente, anche se tardi (e in pochi), abbiamo capito che il Creatore Padre ci ha creati perché ciascuno abbia bisogno dell'altro. Perché ciascuno capisca l'altro. E ci capiamo non attraverso i ragionamenti, la testa, ma attraverso la tenerezza, le emozioni, la piccolezza.

La parola non deve essere il frutto dell'intelligenza, ma della vita che attraversa senza sosta la nostra quotidianità. Quando la piccolezza smette di migrare tra gli sguardi e tra le nostre parole, tutto diventa incomprensibile. La parola stessa anziché creare relazioni alza muri, barricate, difese tra i potenti.

Noi siamo fragili, come il vetro soffiato dall'artista di Murano, ma preziosi, unici figli di un soffio che crea capolavori. Se la parola è soffio, la fragilità diventa arte; se la parola è ragionamento, diventiamo bicchieri di plastica. Non confondiamo la fragilità con la debolezza, e lo scartino con il deficiente, come non dovremmo confondere un violoncello con la pulitrice robotica.

Lo scartino sa di aver bisogno di piccoli bagliori, di segni, di semi, di frammenti. Quando parla, quando incontra, quando educa, lo scartino non acceca mai, non travolge e se travolge non lo fa perché la sua scienza e la sua esperienza professionale sanno interpretare tutto e tutto risolvere. Si meraviglia e accetta sorridendo questi risultati inaspettati.

Ricordo una frase di Papa Francesco: «Vorrei essere ricordato come uno che ha fatto quel che poteva e che, in fondo, non è stato così male».

L'educatore scartino si svela dolcemente, a poco a poco, come si è svelata a noi la nostra mamma, attraverso le labbra, i sussurri, le pappe, le paroline brevi e ripetute infinite volte.

Le luci abbaglianti, i successi miracolosi, che i

normali credono di vedere, di accendere, di ottenere, sono luci artificiali, accademiche, liturgiche, luci che non consumano e non si consumano, non scaldano, non parlano. Lo scartino accetta i chiaroscuri, le penombre, i dubbi, si misura con la sua piccolezza e con la pazienza infinita di una luce discreta, tranquillizzante, portatrice di allegria. Il mondo non è una centrale elettrica.

Accende ogni giorno per noi quel tanto di luce che basta, come il pane quotidiano. Perché la vita, non la teoria sulla vita, è contemporaneamente luce e pane, vino, olio, sale, tempesta e beatitudini quotidiane.

La vita è arrivo continuo dell'inaspettato dai «normali» e dell'atteso dagli «scartini». Quando è arrivato Cristo, chi sapeva tutto dormiva. I pastori ignoranti, emarginati, scartini... erano svegli.

Per gli scartini non esiste l'impossibile, l'irrazionale, il contraddittorio, il misterioso, il miracoloso. Esiste la vita e la vita è tutto questo; è un luogo talmente teologico da permettere che avvenga, come fatto quotidiano, la nascita di un bambino-Dio; la maternità di un'adolescente vergine, l'elezione a «pietra» di un pescatore estroverso, spergiuro, con i nervi fuori posto e litigioso.

Cielo e terra, tempo ed eternità, radici e rami, anima e corpo, miracolo e banalità ti accadono attorno. Diventano irruzioni, eventi, contraddicendo tutte le contraddizioni. «Il Verbo si fece carne!» E i «suoi» – i logici, gli strizzacervelli, le crape supersoniche – non lo hanno accolto.

Lo scartino sa interpretare le cose penultime.

Il segreto del successo (sicuramente del provarci sul serio): appassionarsi

L'educatore è un appassionato.

La parola «passione» proviene dal latino *passio*, a sua volta derivato dal verbo *pati* che significa sopportare, patire. In realtà, in latino classico *passio* voleva dire solo «turbamento dell'animo». Il significato di sofferenza, patimento, è nato traducendo il greco dei Vangeli, nei quali con *pathos* si indicava appunto il martirio di Gesù.

Proprio perché è una delle parole chiave della predicazione cristiana, «passione» è usata fin dagli inizi della nostra letteratura, da autori come Dante e Jacopone da Todi. Nella cultura medioevale, il significato principale di passione è quello di sofferenza del corpo, tormento fisico, legato inizialmente alla narrazione evangelica e poi esteso a qualsiasi dolore.

Nei trattati di medicina antica si parla di «passione del fegato», «passione dei denti», invece che di mal di fegato o mal di denti.

Nella filosofia medioevale, invece, la passione era riferita a un oggetto quando subisce una certa azione. In questo senso la passione era contrapposta all'azione: questa contrapposizione rispecchiava quella grammaticale tra verbo attivo e verbo passivo.

Accanto al significato di sofferenza fisica si trova quello di sofferenza morale, per cui la passione è un'emozione tanto violenta da dominare la volontà di chi la prova. Questo significato è giunto fino a noi, con diverse sfumature. Chiamiamo infatti «passioni» i sentimenti incontrollabili come l'amore, l'odio, la gelosia, che spingono chi li prova ad azioni definitive, senza rimedio.

In particolare, passione può significare l'amore sensuale, anche violento, e può indicare la persona che è oggetto di quell'amore.

È passione anche il trasporto totale per un'idea, visto sia in positivo, come impegno appassionato, sia in negativo, come mancanza di quel distacco critico che permette di avere una visione chiara dei problemi e delle opinioni altrui.

Sentimenti a parte, chiamiamo passione anche l'interesse: la passione per i viaggi, la passione per la ricerca, per le esplorazioni.

La passione può essere così forte da diventare quasi un vizio: la passione del gioco, del vino, della moto, dello sport...

Via via che si indebolisce l'associazione tra passione e sofferenza e passione e mancanza di controllo, essa assume un significato positivo: fare qualcosa per passione significa farla spontaneamente e senza motivi economici; chi studia, si allena, lavora con passione lo fa dedicandosi completamente a queste attività.

Le parole collegate con la passione ne sviluppano soprattutto i significati positivi: un senso di curiosità, interesse e scoperta, talvolta una vera vocazione che ci spinge verso qualcosa. Appassionarsi equivale in questa accezione a provare molto interesse, sviluppare una dedizione per qualcosa.

Al contrario, quando si chiede a un amico un'opinione «spassionata» su una questione, significa che si vuole un parere spregiudicato, obiettivo e non influenzato dall'amicizia.

Una persona passionale non sa o non vuole nascondere le proprie passioni, soprattutto quelle che riguardano l'amore.

L'educatore educabile sviluppa grandi passioni per le sue avventure. Non solo: è appassionato e, nello stesso tempo, impara dalla passione in tutti i suoi significati.

Ma chi potrà essere o diventare un buon educatore?

Quello degli educatori educabili è un piccolo gregge di scartini laici, folli, concreti, che da iconoclasti hanno abbattuto le cattedrali per testimoniare insieme sugli avamposti. Scopo finale: rimettere in se stessi e nella Babele contemporanea quelle quantità di sale e di lievito che sono utili per una nuova stagione di esistenze, cittadinanze e appartenenze di valore.

Ma ci domandiamo: esiste una persona «ideale» che può farsi carico di questo servizio e che lo saprebbe svolgere perfettamente, con l'aiuto degli altri, anche su se stesso?

No.

Il profilo dell'educatore educabile con cui ho avuto e ho concretamente a che fare (e quindi non un'idea, ma persone reali) prevede: laicità, zero; professionalità, quasi zero; confessionalità, incerta. Con questi profili di camminatori e di seminatori, mi diranno: caro don Antonio, dove vuoi andare?

Rispondo.

A una certa età sei obbligato a strapparti via dalla fronte tutte le mani di bianco che ti hanno dato per renderti carino, simpatico, equilibrato, colto, normale, professionale. Quando ti sei tirato via tutta la crosta, solo allora puoi comprendere, magari tardi, che hai davanti persone, storie, angeli che camminano, demoni che eruttano accuse e cattiverie. Con questi non ti puoi fare tante domande: se sono credenti o miscredenti, ladri che hanno rubato poco o tanto, puttane vestite da sera, uomini che vivono nella merda ma che si sporcano solo fuori, angeli che vivono nella naftalina ma sono più sporchi dei porci, professori, dottori, prelati, presidenti che si portano dentro drammi pesanti come galere e giornate più dolorose di una via crucis.

Chi conosce gli uomini e si conosce maledice il giorno in cui ha creduto ci potessero essere professionisti e teorie in grado di medicare queste profonde cicatrici.

Il buon educatore non è un fornitore di dépliant, ma un consumatore di sandali, un seminatore dissennato, uno scartino autoironico, un samaritano della prima ora. Essere educatori educabili deve rimanere un'anomalia percorribile, essenziale, fastidiosa. Niente ricette, poche regole, solo proposte e intuizioni: Atmosfera famigliare, Riscoperta della parola, Cordata amicale, Ottimismo nei fatti, Abitanti degli avamposti, Creatori di precarietà, Smontatori di maschere.

Tutte queste cosette le abbiamo messe dentro lo zaino di Exodus fin dalla prima carovana, trentanove anni fa.

Lo zaino di Exodus

- Nessuno è così bestia da non poter diventare angelo e nessuno è così angelo da non poter diventare bestia.
- Chi ha fatto l'impossibile per diventare bestia può fare l'impossibile anche per tornare angelo.
- Gli irrecuperabili non esistono. Siamo per i nomi e i cognomi, non per gli aggettivi.
- Essere tristi costa molto di più che essere sorridenti e positivi.
- Il sorriso è l'antirughe più formidabile.

- La nostra passione sono gli avamposti, i sentieri impervi, i paradisi perduti, i marciapiedi.
- Non siamo costruttori, ma seminatori.
- L'educatore è colui che trasforma la disgrazia in avventura e gli sbagli in percorsi educativi.
- La parte più sana dell'uomo è quella che cerca senza preoccuparsi di trovare. All'uomo sta cercare, a Dio trovare e trovarci.
- La Babele contemporanea la vinceremo quando abbandoneremo le chiacchiere per riscoprire la parola.
- Più sono complicati i problemi e più dobbiamo inventare soluzioni semplici. Scoprire l'acqua calda è per pochi.
- Lo sport, la musica, la formazione, il lavoro sono le ruote dei nostri camper.
- Acqua calda? Magari! Acqua tiepida (direbbero i luminari).
- La fraternità e l'amicizia sono i portoni d'ingresso nelle comunità davvero umane.
- Educa chi si lascia educare dalle persone, dalle situazioni e dai segni che trova scritti lungo i sentieri quotidiani.

E allora? Quale metodo? Il non metodo, l'accoglienza, l'ascolto… E se proprio vogliamo qualche formula, posso offrirla solo per decaloghi. Uno, interessante, è questo:

Decalogo dell'educatore

1. Essere se stessi e non «sepolcri imbiancati».
2. Essere disponibili nel gioco, nella discussione, nell'ascolto.
3. Dare esempio di intransigenza e di autocontrollo sul piano morale.
4. Dare sicurezza nelle piccole e grandi cose, per insegnare a vedere l'essenziale nei fatti positivi e negativi della vita.
5. Non essere infallibile aiuta a trovare una soluzione ai problemi della vita.
6. Mantenere il segreto delle confidenze.
7. Essere autorevole e non autoritario, creando la stima con l'esempio.
8. Controllare il proprio temperamento, sia con i ragazzi come con i loro genitori.
9. Mostrare armonia, stima e concordanza pedagogica con l'équipe.
10. Rendere il pranzo un punto di incontro dove si possa conversare con tutti di tutto.

Giovanni Bollea

Appunti

1. Lo «scartino» è l'oggetto di cui noi educatori ci prendiamo cura, in noi stessi e negli altri. Non in un rapporto tra «persona normale» e «persona scartata» (o parte di me da scartare), ma immedesimandoci nello scartino e accettando di essere noi stessi uno scarto da recuperare.
2. C'è un *Cantico dello scartino* che insegna molte cose, da più punti di vista, sulla figura di cui stiamo parlando.
3. Il diario di una educatrice di Exodus (cioè, come dicevamo all'inizio del capitolo 2, un'esperienza di vita vissuta, non una teoria) ci insegna quanto può valere ciascuno di noi come pietra di scarto che va a inserirsi in un muro a secco…
4. C'è un metodo dell'educatore scartino: una fragilità che si accetta, accoglie, diventa arte, accende ogni giorno quel tanto di luce che basta. L'educatore scartino sa vivere il quotidiano e diventa interprete delle cose penultime.
5. L'educatore educabile è il vero motore del cambiamento. E non si tratta di poche persone eccezionali.
6. Lo zaino dell'educatore.
7. Il decalogo dell'educatore.

4
Quale società

Domande

In quale società viviamo e per quale società stiamo lavorando? La società di ieri era migliore? La società di domani come vogliamo che sia?

Abbandoniamo l'idea che ieri fosse meglio di oggi. A proposito di tempi brutti, san Paolo nella lettera a Timoteo scrive:

> Sappi che negli ultimi tempi verranno momenti difficili. Gli uomini saranno egoisti, amanti del denaro, vanitosi, orgogliosi, bestemmiatori, ribelli ai genitori, ingrati, empi, senza amore, sleali, calunniatori, intemperanti, intrattabili, disumani, traditori, sfrontati, accecati dall'orgoglio, amanti più del piacere che del buon Dio, gente che ha una religiosità solo apparente. Tra questi alcuni

entrano nelle case per circuire donnette cariche di peccati, in balia di passioni di ogni genere.
(2Tm 3,1-6)

Così 2000 e più anni fa!

Quattro poli di riferimento

Quindi, non spaventiamoci. Ci sono tanti modi di descrivere la società. Soprattutto c'è sempre il rischio che si enfatizzino le due facciate: o disperata nella perdizione o beata nel sollazzo e nel consumo.

Anch'io ho le mie teorie. Non sono importanti e scientifiche come quelle di Galileo, ma hanno un loro dignitoso spessore. Una di queste si intitola il teorema dei quattro poli di riferimento. In sintesi, vorrei dimostrare, deducendoli da esperienze molto condivise, quali sono i profondi cambiamenti che hanno caratterizzato gli ultimi trenta o quarant'anni della vita italiana. La chiave di lettura non è politica, sociologica o economica, ma pedagogica.

Vediamo i quattro poli.

Primo polo: la donna. Dalla Seconda guerra mondiale in poi è passata da angelo del focolare a persona investita a 360 gradi nella vita e nelle vicende quotidiane. Le donne nella civiltà contadina erano soprattutto madri, partorienti infaticabili, ed esaurivano tutta la loro vita attorno alle faccende domestiche. Negli anni Settanta, con le battaglie sui diritti e sulle pari opportunità, la donna è passata dalle periferie sociali al centro, con tutte le conseguenze che questo comporta.

Secondo polo: la televisione e Internet. Due ospiti inquietanti sono entrati pesantemente dentro le nostre case e nelle nostre vite, e nel giro di pochi anni si sono trasformati in padroni. Prima la televisione, poi Internet, con tutti gli strumenti connessi: dal telefonino ai computer, ai videogiochi, ai social.

Ne stiamo dicendo peste e corna. Sono state forse due delle scoperte più interessanti del secolo scorso, ma non riusciamo a collocarle negli spazi e nei tempi giusti e a dare loro il giusto peso. Urge una riflessione generale, non viscerale e tantomeno ideologica. Arrivano segnali preoccupanti in particolare dal mondo dell'informatica. Infatti, c'è sempre più il rischio che i ragazzi diventino patologicamente dipendenti da Internet, immersi full time in un mondo virtuale molto meno impegnativo da affrontare. Il caso più estremo è quello degli *hikikomori*, che vivono praticamente segregati nelle loro stanze.

Terzo polo: l'adolescenza. Da qualche decennio l'adolescenza dei nostri ragazzi, da periodo breve ed elitario, si è trasformata nella stagione più strategica dell'esistenza. Se vogliamo fare un paragone di tipo naturalistico-ecologico: l'adolescenza è una lunga, lunghissima, e per molti versi pervasiva, «primavera della vita». Ma intanto la vita viene, appunto, identificata sempre più solo con la vitalità della primavera, ignorando il valore, la forza, il senso e soprattutto la bellezza delle altre stagioni: infanzia, adolescenza (che c'è sempre stata, ma mai con il valore che le diamo oggi), giovinezza, maturità e vecchiaia.

Ripeto: è un fenomeno nuovo e ancora non sufficientemente esplorato. Noi educatori abbiamo sempre parlato di seconda nascita, senza applicarne le straordinarie e positive conseguenze. Oggi, quando parliamo di adolescenti siamo più portati a discutere di baby gang, di bullismo, di droghe, di locali e discoteche, di pornografia, di violenza, di strafottenza... invece che goderci i figli come torrenti in piena, aquiloni coloratissimi, puledri scatenati, alberi giganteschi alla ricerca del loro pezzo di cielo e del loro sentiero centenario.

Quarto polo: la crisi dei padri. È un mio pallino, sul quale vado ogni volta picchiando la testa. Purtroppo trova sempre più conferme nelle cronache e nelle storie dei nostri giorni. Dentro la crisi dei padri non voglio dimenticare la terribile fragilità che attanaglia l'intera famiglia.

Se i padri fossero meno mammi, Peter Pan, babbbi (non è un errore!), padri part time, ma capissero che l'adolescenza è il loro tempo e che la seconda nascita dei figli deve avere soprattutto loro come protagonisti, ci sarebbero meno problemi e più serenità nell'intero quadro sociale, culturale, politico, scolastico, ricreativo e religioso.

Dal teorema dei quattro poli alla «società dei bussolotti»

Uso l'immagine di un gioco dei miei tempi per farvi capire come sta cambiando il tessuto nel quale noi, senza accorgerci, collochiamo le vicende quotidiane. Se partiamo dai quattro poli per leggere quanto accade nella scuola, nella politica, nel tempo libero e nella famiglia, abbiamo alcuni riferimenti in più.

Non per spaventarci, ma per progettare meglio il nostro domani.

Molti propongono altri quattro poli e parlano di: società dei coriandoli, dei balocchi, delle apparenze, dei consumi.

Non perdo tempo a descrivere anche questi aspetti. Sono davanti ai nostri occhi con grande evidenza. Mi soffermo su un quinto aspetto.

La nostra è la società dei bussolotti, cioè dei contenitori vuoti di un gioco ingannevole.

Fanno i ponti sui fiumi secchi.

Fanno facciate bellissime di edifici vuoti.

Hanno giardinieri che innaffiano prati di plastica.

Hanno scale mobili che non portano da nessuna parte.

Hanno autostrade che ci fanno vedere tutto quello che le autostrade hanno distrutto.

Hanno psicologi di famiglia che parlano delle famiglie che non ci sono.

Costruiscono città, metropoli, nazioni, continenti che si fanno la guerra per vendere armi da guerra.

Hanno ipermercati pieni di allievi che non vanno a scuola.

Hanno banche che prestano soldi che non ci sono.

Hanno uomini che sembrano donne, donne che sembrano uomini, bambini che sembrano vecchi, e vecchi che vogliono sembrare bambini.

A cosa servono i soldi se non sono soldi? A cosa servono i beni veri se vengono sempre barattati con i beni falsi? A cosa servono le case vuote, i templi vuoti, i cuori vuoti? Perché non smontiamo questo teatrino artificiale? Perché non diventiamo iconoclasti?

Una società che non vuole avere a che fare con i poveri veri

Un altro aspetto perverso dell'odierna società è che deride i poveri veri. I poveri veri sono quelli che non hanno tempo per perdere tempo. I poveri veri sono quelli che se hanno tempo libero, si chiama disoccupazione. I poveri veri sono quelli che mangiano spazzatura e la pagano come un pranzo. I poveri veri sono quelli che sono liberi di cambiare canali… per buttarvisi. I poveri veri sono sempre tanti e sono sempre soli. I poveri veri sono quelli che non si possono permettere compagnia. I poveri veri sono quelli che hanno tanto tempo per immaginare cosa si mangia nella casa di fronte. I poveri veri sono quelli che leggono il giornale sulla metro sbirciando il «Corriere» del vicino. I poveri veri sono quelli che accendono una candelina a sant'Antonio e un candelotto al diavolo.

I poveri veri usano il corpo come se fosse un trattore e l'anima come se fosse un CD. I poveri veri rimangono poveri perché è meno costoso. I poveri veri non possono nemmeno ridere perché non hanno la dentiera.

I poveri veri, se li mettiamo in fila, arrivano fino alla porta del paradiso, ma non hanno il coraggio di suonare il campanello. I poveri veri quando parlano si danno sempre torto.

In questo mondaccio cane, questo tipo di poveri non riscuote nemmeno la pensione sociale!

Una società senza salute psichica

La salute psichica in questa società è a rischio, è troppo precaria. L'adattamento al sistema è il nostro suicidio. L'attivismo senza attività uccide la vivacità e la creatività. Il rifiuto del limite, mentre tutti abbiamo limiti che ci definiscono, fa impazzire anche la persona più normale.

Urge uscire da questa finta normalità che ci obbliga a vestire tutti la stessa maglia, a comperare tutti la stessa macchina, ad andare tutti dallo stesso parrucchiere, a frequentare tutti il centro benessere per buttare giù la pancia gonfiata in pizzeria e soprattutto... che ha fatto delle nostre teste un piccolissimo televisore o cellulare.

Se non troviamo un pizzico di follia che ci permetta di guardarci senza ammirarci e senza compatirci, tutti saremo presto alla ricerca del numero di telefono del primo psicanalista della nostra città.

Che fare? La missione dei non conformisti

Voglio ricordare che le società del passato sono sempre state salvate dai non conformisti. Dobbiamo cominciare a credere che si possa vivere in modo diverso anche in questo mondo. Creiamo un campo magnetico positivo intorno a noi che si alimenti con il *Cantico delle creature*, con il saio, il bastone e i piedi scalzi di Francesco d'Assisi.

Trasformiamoci in un piccolo gruppo di pressione profetica. Di solito quando noi parliamo di Vangelo, di apostolato, di mondo migliore, di una società a misura d'uomo, di «un solo gregge e di un solo pastore», ci compaiono davanti agli occhi i dodici apostoli ripuliti e rinati dalle lingue di fuoco della Pentecoste.

A me piace proporre anche un altro esempio, altrettanto carismatico e pentecostale: la piccola famiglia di Noè e dei suoi figli mentre esce dall'arca dopo il diluvio universale.

Attorno c'era ben poco. Si sono accontentati di un arcobaleno, di un ramo d'ulivo, di una colomba e di pochi altri animali selvatici. Non erano nemmeno in dodici, forse otto, eppure da quel gruppetto ha avuto origine una parte importante della salvezza biblica.

Noi siamo troppo affascinati dalle quantità degli oggetti, dai ninnoli, dai balocchi dorati e dal bisogno di omologazione, mentre l'unica cosa che conta davvero è nascere nuovi, ripartire da poco.

«Camminarsi dentro», per quarant'anni, per quaranta giorni o per tre giorni, senza riuscire a risorgere o a liberarsi, sarebbe una fatica deleteria e autolesiva, cioè un Nuovo Testamento senza Pentecoste.

Diversamente cittadini

Spiego il diversamente cittadini senza spiegarlo. Ho troppa paura di cadere nel politico e nel banale. Mi limito a presentare tre suggestioni, lasciando a ciascuno il piacere dell'interpretazione.

Uso in primo luogo la letteratura infantile. Titolo del primo episodio: *Il giovane gambero*. È quasi inutile che vi dica l'autore: Gianni Rodari.

Un giovane gambero pensò: «Perché nella mia famiglia tutti camminano all'indietro? Voglio imparare a camminare in avanti, come le rane, e mi caschi la coda se non ci riesco».

Cominciò a esercitarsi di nascosto, tra i sassi del ruscello natio, e i primi giorni l'impresa gli costava moltissima fatica: urtava dappertutto, si ammaccava la corazza e si schiacciava una zampa con l'altra. Ma un po' alla volta le cose andarono meglio, perché tutto si può imparare, se si vuole.

Quando fu ben sicuro di sé, si presentò alla sua famiglia e disse: «State a vedere!». E fece una magnifica corsetta in avanti.

«Figlio mio» scoppiò a piangere la madre, «ti ha dato di volta il cervello? Torna in te, cammina come i tuoi fratelli che ti vogliono tanto bene!»

I suoi fratelli però non facevano che sghignazzare. Il padre lo stette a guardare severamente per un pezzo, poi disse: «Basta così. Se vuoi restare con noi, cammina come gli altri gamberi. Se vuoi fare di testa tua, il ruscello è grande: vattene e non tornare più indietro».

Il bravo gamberetto voleva bene ai suoi, ma era troppo sicuro di essere nel giusto per avere dei dubbi: abbracciò la madre, salutò il padre e i fratelli e si avviò per il mondo. Il suo passaggio destò subito la sorpresa di un crocchio di rane che da brave comari si erano radunate a far quattro chiacchiere intorno a una foglia di ninfea.

«Il mondo va a rovescio» disse una rana, «guardate quel gambero e datemi torto, se potete.» «Non c'è più rispetto» disse un'altra rana. «Ohibò ohibò» disse una terza.

Ma il gamberetto proseguì diritto, è proprio il caso di dirlo, per la sua strada. A un certo punto si sentì chiamare da un vecchio gamberone dall'espressione malinconica che se ne stava tutto solo accanto a un sasso.

«Buongiorno» disse il giovane gambero.

Il vecchio lo osservò a lungo, poi disse: «Cosa credi di fare? Anch'io, quando ero giovane, pensavo di insegnare ai gamberi a camminare in avanti. Ed ecco cosa ci ho guadagnato: vivo tutto solo, e la gente si mozzerebbe la lingua, piuttosto che rivolgermi la parola. Finché sei in tempo, da' retta a me: rassegnati a fare come gli altri e un giorno mi ringrazierai del consiglio».

Il giovane gambero non sapeva cosa rispondere e stette zitto. Ma dentro di sé pensava: «Ho ragione io». E, salutato gentilmente il vecchio, riprese fieramente il suo cammino. Andrà lontano? Farà fortuna? Raddrizzerà tutte le cose storte di questo mondo? Noi non lo sappiamo, perché egli sta ancora marciando con il coraggio e la decisione del primo giorno. Possiamo solo augurargli, di tutto cuore: «Buon viaggio!».

Abbiamo ragione noi, e come il giovane gambero, vogliamo vivere diversamente, convinti di non essere noi ad andare «al rovescio», ma gli altri!

La seconda suggestione è una parabola, ci deve aiutare a comprendere una cosa che dovrebbe essere molto facile da capire, e cioè che «non siamo nati solo per mangiare… eppure…».

Ce lo spiega il gabbiano Jonathan.

Era di primo mattino, e il sole appena sorto luccicava sulle scaglie del mare increspato. A un miglio dalla costa un peschereccio arrancava verso il largo. Fu data la voce allo stormo dei gabbiani, e subito si adunarono, accanendosi per beccare qualcosa da mangiare. Cominciava così una nuova giornata. Ma lontano, solo soletto, un gabbiano si stava allenando per conto suo: era il gabbiano Jonathan. Si trovava a una trentina di metri d'altezza: distese le zampe, si concentrò sullo sforzo per imprimere alle ali una torsione tale da consentirgli di volare lento. A un tratto gli si arruffarono le penne, entrò in stallo e precipitò giù.

I gabbiani, lo sapete, non vacillano mai; scomporsi in volo per loro è un disonore. Ma il gabbiano Jonathan eccolo là che ci riprova, tende le ali per aumentarne la superficie, vibra tutto per lo sforzo e, patapunf, stalla di nuovo. No, non era un uccello come tanti.

La maggior parte dei gabbiani non si dà pena di apprendere del volo altro che le nozioni elementari. Basta loro arrivare dalla costa a dov'è il cibo, e poi ritornare a casa.

Per la maggior parte dei gabbiani volare non conta, conta solo mangiare. A quel gabbiano lì, invece, non importava procurarsi da mangiare, quanto volare. Più di ogni altra cosa al mondo gli piaceva librarsi nel cielo. Ma a sue spese scoprì che, a pensarla in quel modo, non è facile trovare degli amici, che anzi a poco a poco ti abbandonano, con l'impressione di aver a che fare con un pazzo.

Anche i suoi genitori erano afflitti a vederlo così, tutto solo, a provare e riprovare i suoi voli.

«Ma perché, Jonathan» gli diceva sua madre, «perché non devi essere un gabbiano come gli altri?»

«Sta' un po' a sentire» aggiungeva suo padre, «manca poco all'inverno; le barche scompariranno, e i pesci nuoteranno più profondi. Se vuoi proprio imparare, studia piuttosto come procurarti la pappa; questa faccenda del volare è bella, ma non puoi mica trovarla, volando; ricorda, Jon, che si vola per mangiare!»

«E va bene, d'ora in poi sarò un gabbiano per bene, saggio come gli altri, e tutti saranno contenti di me» pensò Jonathan.

Al levar del sole il gabbiano Jonathan era di nuovo là che si allenava. Visti da mille metri, e oltre, i pescherecci sembravano delle scagliuzze sulla piana distesa dell'acqua. Lui si sentiva vivo come non mai, pieno di gioia, per aver saputo domare la paura. A poco a poco divenne il primo uccello che eseguì voli acrobatici.

Quando tornò presso lo stormo era ormai notte fonda; era stanchissimo, ma allegro come non mai. «Quando sapranno dei nuovi orizzonti da me aperti» pensava, «impazziranno di gioia: ci sentiremo tutti liberi, lassù!»

Il giorno dopo i gabbiani si riunirono in assemblea: si aspettava proprio lui. «Il gabbiano Jonathan si porti al centro!» ordinò l'anziano.

«Ma sì» pensava Jonathan, «stamattina tutto lo stormo ha assistito alla mia impresa; ma io non voglio onori, non voglio diventare un capo, un grande; desidero solo farli partecipi della mia gioia, perché sia la gioia di tutti.» E si fece avanti.

«Il gabbiano Jonathan è uno svergognato; certe pazzie disonorano l'onorata tradizione del popolo dei gabbiani...» disse l'anziano.

Questo significava che sarebbe stato espulso dal consorzio dei suoi simili, esiliato a vita solitaria, laggiù, sulle scogliere remote, «affinché impari che si è al mondo per mangiare e non per altro!».

Nessun gabbiano aveva mai osato levarsi a protestare. Ma Jonathan si alzò. Incoscienza? Pazzia?

«Ma cosa c'è di più grande che cercare di dare un significato vero alla propria vita?» disse. «Per mille anni ci siamo arrabattati per un tozzo di pane e una sardella, ma ora abbiamo imparato il segreto della libertà e della felicità; noi siamo nati per volare!»

Non c'era niente da fare. Lo stormo era impassibile.

«Non abbiamo più nulla in comune con te» replicarono in coro i gabbiani, e gli voltarono le spalle. Ma ogni giorno, laggiù, nel suo esilio e con la nostalgia per i fratelli lontani, lui apprendeva nuove cose. E scoprì che era la paura della libertà a rendere così breve la vita del gabbiano. Man mano che i giorni passavano, sempre più di frequente gli capitava di pensare alla patria lontana. Chissà se qualche altro gabbiano avrà aperto gli occhi, laggiù... E più si fermava a riflettere sulla natura del volare, più cresceva in lui la nostalgia della terra, poiché per lui volare voleva dire amare e partecipare agli altri la verità da lui conosciuta.

Il gabbiano Jonathan scoprì che noi siamo nati per volare e non per mangiare.

Con la terza suggestione torno a Rodari. La semplicità è più potente di ogni ragionamento accademico.

Giovannino Perdigiorno era un grande viaggiatore. Viaggia e viaggia, capitò nel paese con l'esse davanti. «Ma che razza di paese è?» domandò a un cittadino che prendeva il fresco sotto un albero.

Il cittadino, per tutta risposta, cavò di tasca un temperino e lo mostrò bene aperto sul palmo della mano.

«Vede questo?»

«È un temperino.»

«Tutto sbagliato. Invece è uno stemperino, cioè un temperino con l'esse davanti. Serve a far ricrescere le matite quando sono consumate, ed è molto utile nelle scuole.»

«Magnifico» disse Giovannino. «E poi?»

«Poi abbiamo lo staccapanni.»

«Vorrà dire l'attaccapanni.»

«L'attaccapanni serve a ben poco, se non avete il cappotto da attaccarci. Col nostro staccapanni è tutto diverso. Lì non bisogna attaccarci niente, c'è già tutto attaccato. Se avete bisogno di un cappotto andate lì e lo staccate. Chi ha bisogno di una giacca, non deve mica andare a comprarla: passa dallo staccapanni e la stacca. C'è lo staccapanni d'estate e quello d'inverno, quello per uomo e quello per signora. Così si risparmiano tanti soldi.»

«Una vera bellezza. E poi?»

«Poi abbiamo la macchina sfotografica, che invece di fare le fotografie fa le caricature, così si ride. Poi abbiamo lo scannone.»

«Brr, che paura.»

«Tutt'altro. Lo scannone è il contrario del cannone e serve per disfare la guerra.»

«E come funziona?»

«È facilissimo, può adoperarlo anche un bambino. Se c'è la guerra, suoniamo la stromba, spariamo lo scannone e la guerra è subito disfatta.»

Che meraviglia il paese con l'esse davanti.

La rivoluzione la si può fare anche con i Perdigiorno, i Jonathan e i gamberi. Eccome!

Essere persone nuove per un mondo nuovo

Troppe volte, dedicandoci al mondo del disagio, io e i miei collaboratori ci accontentiamo di lavorare tanto per portare a casa poco. L'equazione è diseguale ed è semplicemente all'opposto di quelle degli altri. Gli altri fanno il minimo sforzo con il massimo rendimento per portare a casa soldi, mentre noi facciamo il massimo sforzo e otteniamo il minimo rendimento per portare a casa persone.

Questa eresia deve essere sconfitta. Guai a coloro che si accontentano del poco.

Pensiamo ai dodici apostoli che evangelizzano il mondo: vorrei commentare questo dato a modo mio, ricordando anzitutto che i dodici sono riusciti a fare tutto quello che han fatto nonostante uno li avesse traditi e che Paolo, quello arrivato in ritardo, fosse stato, da giovane, il loro persecutore.

Dice Woody Allen: «Il mondo si divide in buoni e cattivi. I buoni dormono meglio, ma i cattivi da svegli si divertono molto di più». Una frase di Mark Twain invece dice: «Mio Dio, fa diventare buoni i cattivi e simpatiche le persone buone».

La ragione per cui c'è ancora in giro il pomo di Adamo, con tutte le illusioni che promette e a cui qualche Eva crede, sta tutta in un'allucinazione. Eppure, mai come in questi anni la nostra società ci offre occasioni per studiare, conoscere, meditare, capire, prepararci alla vita, fare amicizie, leggere, attraversare il mondo!

Dunque siamo noi che trasformiamo le mele buone in marce, le occasioni in tentazioni, il divertimento in rischio di morte.

Perché siamo così cretini?

Ermanno Olmi, commentando una famosissima pagina della Bibbia, interpreta così a suo modo l'odierna società:

Caino col sudore della fronte coltivava il suolo da cui ricavava i frutti del suo lavoro. Abele era pastore e trascorreva tutto il suo tempo nel piacere della contemplazione. Caino intanto faticava e si accaniva nel produrre raccolti sempre più abbondanti. Abele prendeva diletto nel soffiare dentro una canna per ottenere suoni melodiosi.

Finché un giorno Caino si incazzò e andò a finire come tutti sappiamo. Mi domando: Sarebbe cambiata la storia dell'umanità se Caino invece di farsi accecare dalla furia dell'ira si fosse disposto a una tregua del suo lavoro per ascoltare in tranquilla distensione la musica di Abele? Se avesse rinunciato a un po' del suo guadagno in cambio di rasserenanti melodie? Peccato, è andata come è andata, e Caino è diventato un reietto. Ma soltanto lui è il colpevole del crimine per cui il suo delitto pesa ancora su di noi? O forse Abele, appagato dall'esaltazione del suo nobile spirito creativo, non ha avuto considerazione della fatica di Caino e dell'umiltà che è nel lavoro delle mani?

Nessuno dei due si è posto all'ascolto dell'altro e da quel giorno è andata sempre così.

Ora non domandiamoci chi sono oggi i Caino e gli Abele, chi i colpevoli e chi le vittime. Potremmo commettere ancora lo stesso errore. Sarebbe meglio provare a capire chi è dentro di noi che ci fa agire: Caino o Abele?

E se avremo qualche indizio sul prevalere dell'uno sull'altro, proviamo a farli dialogare fra di loro. Chissà se diventeremmo migliori.

Un sogno: da condividere con tutti, credenti e non credenti

Per non farmi prendere dallo scoramento vorrei raccontare un sogno che mi pare ancora attuale e che inserisce una grande dose di speranza anche in questa società dei balocchi, dei cretini, dei coriandoli e dei bussolotti.

Una notte, in Paradiso, Dio Padre e Dio Figlio camminavano, come facevano spesso, e guardavano giù, come facevano non spesso, ma spessissimo, per capire cosa stesse succedendo.

Dopo la tragedia del pomo, Adamo si era vergognato e si era nascosto insieme con Eva. Da allora tutti gli uomini nei secoli si nascondevano dal Dio delle piaghe in Egitto contro i malvagi, dei quarant'anni di deserto per essere purificati e liberati, del fratricidio per affermare i diritti del Popolo della Legge, del diluvio che tutto doveva purificare...

Quella sera, il Figlio, come fa quasi ogni figlio,

disse al Padre a bruciapelo: «E se cambiassimo strategia? E se andassimo giù noi, anziché aspettare che vengano su loro? Se andassimo a cercarli anche se non se lo meritano?».

Il Padre si fermò, guardò il Figlio in fondo agli occhi... Chiamò lo Spirito... Pregarono.

Anche Dio prega, tutti pregano. La preghiera è l'ossigeno dell'anima. Anche Dio ha un'anima, anzi è l'anima!

E dopo aver pregato: «Figliolo, spiegami meglio quello che pensi. Come andiamo giù? In che modo andiamo incontro agli uomini? Ho fatto per loro il mondo: il cielo, la terra, il mare, le stelle... Mi sembrava che una culla così bella per l'uomo nessuno sarebbe stato capace di farla. Ma hai visto come è andata a finire. Per un capriccio, un atto d'egoismo, per un "pomo", hanno rovesciato tutto il piano che avevo progettato per loro. Per un pomo! Capisci, figliolo?».

Il Figlio aspettò che il Padre finisse. Udì la voce farsi profonda e commossa. Capì quanto fosse doloroso, per un Padre così provvidente, vedere le sue creature disperse, disorientate, lontane.

Poi il Figlio cercò una panchina comoda, di fronte al mondo. Prese il Padre sottobraccio e lo accompagnò vicino a sé. Passarono alcuni momenti di intenso silenzio. Laggiù, troppe ombre coprivano una parte del mondo e troppe luci accendevano l'altra.

Il Figlio disse: «Abbà, papà, segui per un momento il mio ragionamento. Dimentica il tuo infinito dolore. Ascolta:

Tu sei Dio onnipotente, Creatore, Signore, Condottiero.

Se inventassimo un Dio debole, limitato, mite?

Tu sei il Dio dei dieci comandamenti.

Se inventassimo un Dio delle beatitudini?

Tu sei il Dio del Tempio di Gerusalemme.

E se inventassimo il Dio della cena, della tavola?

Tu sei un Dio che perdona.

E se ti tramutassimo in un Padre? Nemmeno in un Dio, solo in un Padre misericordioso che perdona sempre?».

Il Figlio si fermò, poi disse la cosa che più lo affascinava: «E se andassi giù io e diventassi uomo fra gli uomini, bambino fra i bambini, affamato tra gli affamati? E se entrassi io nella pancia di una nuova Eva in un paesino sperduto e da là riportassi tutti qui nella tua casa, tutti gli Adamo e le Eva del mondo, tutti i Caino e gli Abele, tutti i Davide e i Golia...?».

Il Padre guardò lo Spirito... e tutti e due guardarono il Figlio. A un tratto il volto del Padre si fece triste, misterioso, sofferente, vecchio di colpo. Quasi biascicando rispose: «E se questo volesse dire per te, figlio mio, morire, soffrire, pagare per tutti? Ce la farai? Sarai capace di arrivare fino in fondo? E noi, Padre e Spirito, saremo capaci di consumare con te questa tragedia d'amore? Ti ricordi di Abramo? Alla fine non ce l'ho fatta e gli ho ridato il figlio. E se dovessi, per amore degli altri figli perduti, perdere te?».

Il silenzio fu infinito come il cielo.

Il Figlio si strinse tra le braccia del Padre, e capì quanto quelle braccia fossero piccole per il dolore che doveva affrontare. Anche Dio Padre, di fronte ai dolori del mondo, ha le braccia piccole.

Poi, fu il Padre a decidere. «Ti chiamerai Gesù, nascerai da Maria, e morirai martire! Il resto te lo dirò man mano. Vai...»

Lo baciò e lo abbracciò. E una donna, laggiù, capì di poter divenire madre anche senza conoscere l'uomo.

Quattro poli
Quattro coriandoli
Quattro cattiverie...
Tutto quello che volete.
Ma... alla fine il mondo è già redento.

Appunti

1. Viviamo in una società disorientata, in cerca di se stessa e di un nuovo equilibrio: ottima occasione per cambiare le cose!
2. Quattro «poli», quattro fronti di gioco nel mondo di oggi: il ruolo della donna, il peso della televisione e dei social media, la difficile adolescenza e il ruolo dei padri.
3. Viviamo in una società ingannata da tanti bussolotti (vuoti) di giocatori d'azzardo che ingannano gli altri.
4. Viviamo in una società che non vuole avere a che fare con i poveri veri e priva di salute psichica.
5. Lavoriamo su noi stessi e tutti insieme per un recupero di armonia. Non dimentichiamo che c'è chi ci ha preceduto e ha qualcosa da insegnarci e porta sulle spalle un lume che ci aiuta a orientarci nel cammino.
6. La missione dei non conformisti per essere diversamente cittadini: la storia del gambero che volle imparare a camminare in avanti, del gabbiano Jonathan che volle imparare a volare più in alto, perché la vita non è solo procurarsi il cibo, e la storia del paese con la esse davanti.

7. Se Caino avesse ascoltato la voce di Abele e il suo canto… Se Abele avesse compreso Caino…
8. Il sogno di un mondo nuovo lo ha fatto prima di tutto Dio, che ha ideato la missione di Gesù per salvare i suoi fratelli. Noi condividiamo quel sogno.

5
Maturità

Un vaso veramente prezioso

Quando un oggetto di valore si rompe, in Giappone riparano la crepa riempiendo la spaccatura con dell'oro. Credono che quando qualcosa ha subito una ferita e ha una storia diventi più bello. È un'antica tecnica che non nasconde le fratture, anzi, le esibisce come un pregio. Ogni pezzo riparato diviene unico e irripetibile, per via della casualità con cui la ceramica si frantuma e delle irregolari, ramificate decorazioni che si formano e che vengono esaltate dal metallo.

In questo modo si creano vere e proprie opere d'arte, sempre diverse, ognuna con la sua bellezza da esibire, proprio grazie all'unicità delle crepe che si generano quando l'oggetto si rompe.

Anche per le persone è così: ferite che lasciano

tracce diverse su ognuno di noi, cicatrici dorate, segno orgoglioso di rinascita.

Ognuno di noi è un pezzo unico.

Ogni cicatrice racconta una storia.

La sofferenza è preziosa, la fragilità può trasformarsi in forza.

Noi facciamo fatica, io faccio fatica a far pace con le crepe. Vorrei che mi aiutaste a ricomporre i pezzi... a ricostruire i frammenti, così come si ripara un oggetto rotto.

La tecnica che salda insieme i pezzi, negli esseri umani, si chiama Amore.

Steso sulla sabbia umida, con la pancia rivolta in basso e la concavità verso l'alto, un piccolo coccio di terracotta si lasciava cullare dalle onde lente del bagnasciuga. Indifferente ai piedi dei passanti, alle corse dei bambini e alle foto in posa da social network, il coccio dedicava tutte le sue energie a riflettere la luce del sole e ad assorbire l'acqua salata del mare.

Quando un bambino lo raccolse da terra, il coccio di terracotta non fu né spaventato né sorpreso. Si lasciò raccogliere senza mordere, urticare o emettere suoni spaventosi, e venne riposto nella tasca del piccolo costume da bagno.

Non appena fu a casa, il bambino prese con impazienza il piccolo coccio di terracotta e si mise a osservarlo per alcuni minuti. Ne misurava le dimensioni, scrutava la sua curvatura, premeva i polpastrelli sui suoi spigoli e lo stringeva delicatamente tra i denti. Più il tempo passava e più sul suo volto si disegnava un sorriso carico di serietà. La gioia di poter fare qualcosa di bello.

Dopo averlo «assaggiato» abbastanza, aprì un cassetto e prese la scatola di cartone che vi era riposta. La aprì e guardò con avidità il contenuto. Nella scatola c'erano bottoni, conchiglie, vetri levigati, fermagli, mollette e altri piccoli oggetti senza valore e senza senso. Cianfrusaglie, si sarebbe potuto dire. Prese ogni oggetto, uno per volta, e con ognuno celebrò lo stesso rituale che aveva riservato al coccio di terracotta. Poi li distese tutti a terra e, dopo essersi allontanato di qualche passo, poté abbracciarli gioiosamente in un unico sguardo.

Quando, la mattina dopo, la mamma entrò nella sua stanza per svegliare il bambino, trovò ai piedi del letto un giocattolo nuovo. Non lo aveva mai visto. Poteva essere un drago, una macchinina o una palla. Vai a sapere cosa vedevano gli occhi di suo figlio in quella costruzione!

Poco più tardi, il bambino era di nuovo in spiaggia. In breve, decine di altri bambini avevano giocato con il suo giocattolo e avevano stretto fugace amicizia con lui. Chissà che qualcuna non abbia un futuro.

Al termine della giornata, poi, arrivò il momento più atteso. Poco prima di lasciare la spiaggia, il bambino prese la sua costruzione e si diresse di corsa allo scoglio più vicino. Quando fu a due metri, scagliò con tutta la forza che aveva il suo giocattolo contro la roccia. Fu come un'esplosione. Ognuno dei suoi componenti schizzò in una direzione diversa. Il bambino rideva felice. I più ingenui direbbero che di ciò che aveva costruito non era rimasto nulla.

Poco dopo, steso sulla sabbia umida, con la pancia rivolta in basso e la concavità verso l'alto, un piccolo coccio di terracotta si lasciava cullare dalle onde lente del bagnasciuga...

La maturità e il suo contesto

Ogni maturità esige un contesto. Non c'è una maturità che non debba prendere coscienza di ciò che c'è intorno. Dobbiamo essere maturi dentro, ma creare serenità a ciò che c'è intorno.

Creare serenità significa che ce l'hai dentro.

Ci sono due tipi di maturità: quella nostra e quella che dobbiamo far crescere attorno a noi.

La maturità che noi abbiamo non sempre si trasforma in maturità attorno a noi.

Per esempio, l'unità nella diversità è una cosa che crea grossi problemi. Creare la convivenza e la serenità in realtà che sono diverse dalla nostra è molto difficile. Un uomo, una donna sono maturi quando stanno bene tra diversi.

Questo principio va bene dovunque. Un principio banale, ma che mai come in questo periodo, non solo per noi, ma per il mondo sociale, politico, religioso, è vitale. Esige un grosso lavoro da parte nostra. Se non lo si fa, si vive facendo stare male noi e facendo stare male gli altri.

La maturità, il tono di voce di ciascuno di noi e le sue radici

In qualche modo dovremmo trovare dei momenti di armonia interiore. La vita è parola, e ancora prima di essere parola è musica.

Ognuno di noi quando parla ha una tonalità, ed è importante. Noi viviamo in una società che non sta bene, ha tutto ma non sta bene. Quando non stiamo bene, lo si capisce subito. Dobbiamo stare bene perché il progetto di domani prevederà sempre più diversità, sia nei rapporti che abbiamo che nelle relazioni che costruiamo.

Si sta bene quando le radici non vengono strappate via. Stai bene quando hai una certezza, un fondamento, quando hai una convinzione profonda che è quella che tiene in piedi tutto il resto, perché non cambiano le radici. Si sta bene quando tutto quello che c'è intorno non le sradica, ma le migliora nelle modalità e nelle relazioni. Per garantire questo abbiamo inventato il «tavolo», di cui parlerò più avanti.

La maturità e il senso delle priorità

Il tema delle priorità è un tema sul quale dovremmo lavorare molto. Se il fare è più importante dell'essere, se il fare dà motivo al mio essere e non viceversa, vuol dire che abbiamo sbagliato le priorità.

Io e i miei collaboratori ci siamo dati dei decaloghi (se ne leggono diversi, in questo libro), e molte volte facciamo fatica a viverli e a farli vivere. Se succede questo, vuol dire che non abbiamo chiaro il concetto delle priorità. Perché facciamo saltare così facilmente alcuni decaloghi? Perché per osservarli occorre dire a se stessi anche dei «no». Ed è sulle cose più banali, più superficiali, meno necessarie, che dobbiamo dirci dei no!

La precarietà, il vivere «diversamente» fanno parte della radice della nostra storia. I ragazzi che abbiamo accolto in questi anni sono arrivati da noi perché questi decaloghi li hanno saltati, perché hanno fatto del vizio la radice della loro vita.

L'uomo vero è quello che ha meno bisogni ed è quello che vive con meno, perché la più grande ricchezza che abbiamo è la vita. Le stupidate che noi aggiungiamo alla nostra vita ci fanno vivere di meno e ci fanno vivere male, non esprimono il meglio di noi.

Dobbiamo fare attente riflessioni, tutti. Quando ci diamo delle priorità, quelle rimangono. Devono essere poche, ma essenziali. Una cosa che fai ogni giorno e che fai con fatica, anche se ti sembra banale, diventa essenziale.

Cosa ci porta alla maturità: il quotidiano

Siamo maturi quando capiamo che l'unico maestro di vita è ciò che ci accade ogni giorno. Tutti i principi che noi abbiamo devono essere messi a confronto con quello che ci accade ogni giorno. Più un uomo, una donna diventano adulti, e più si accorgono che ciò che accade loro attorno è importante. Che sia bello o brutto, non è mai qualcosa di casuale. Noi sottovalutiamo un sacco di cose che ci accadono. Dobbiamo fare del quotidiano la nostra tesi di maturità.

«Chi guarda matura, chi non guarda non matura. Chi vede e non guarda non matura» dice Enzo Bianchi. Noi guardiamo le persone che amiamo o che odiamo, le cose che ci interessano, il resto non lo guardiamo.

Ricordiamo, invece, gli sguardi di Cristo nel Vangelo.

Tutte le cose che ci accadono, riusciamo a trasformarle in sangue nostro? Se riuscissimo a trasformarle, a interiorizzarle, io credo che sarebbe meraviglioso. Si diventa maturi solo se riusciamo a farci ammaestrare dalla vita.

È maturo chi sa semplificare i problemi e quando sa tradurli in progetti. Le cadute e gli sbagli valgono più delle cose giuste. Sbagliare è più importante che fare la cosa giusta. Uno non è maturo quando fa diventare più problemi i problemi, ma quando li vede, li conosce, li accetta fino in fondo e li traduce in un processo di cambiamento. Siamo in un momento in cui i problemi ci sono. Anche là dove non ci sono, potrebbero nascere in un attimo.

Promuovere serenità oggi, anche in situazioni drammatiche, non vuol dire cancellare il dramma, ma affrontarlo, perché abbiamo tutti gli strumenti per superarlo. Dobbiamo trovarli dentro di noi e attorno a noi.

Attenzione! Quando succedono queste cose emergono divisioni: «Qui comando io, tu hai sbagliato, ecco perché siamo messi male. Vai via, così risolviamo». Quando ci sono situazioni drammatiche, il primo che si mette a livello di tutti e cerca di capire tutti dovrebbe essere il cosiddetto «responsabile». Egli non si crea l'elenco dei giustizieri e dei giustiziati. L'autorevolezza di una persona adulta, davvero responsabile, permette di affrontare e di risolvere tutto con quattro strumenti indispensabili, ben noti alla persona matura: parola, perdono, pazienza e amichevolezza.

Non un discorso, ma sei frammenti-parola

In un recente incontro tra me e i miei collaboratori e amici, abbiamo fatto un semplice esercizio simbolico: abbiamo rotto un grande vaso, ciascuno ha preso un frammento e sul frammento o attorno al frammento ha scritto cose molto belle.

Io, curioso, sono andato a sbirciare in quel mucchio di cocci apparentemente inutili, perché staccati dal resto e lasciati in apparente disordine. E leggendo, rileggendo e stuzzicando la mia curiosità, ho scelto con molta fatica sei parole, che ho chiamato frammenti-parola.

Sono: SPIRITUS, il SILENZIO e la PAROLA, il CAMMINO (che ho già illustrato), il TAVOLO, l'AMICHEVOLEZZA.

Appunti

1. Vogliamo essere persone mature. Cerchiamo di diventare tali seguendo la via del vaso spezzato e ricostruito con una colla d'oro lungo le fratture riparate del cuore e dell'anima. Un ragazzino creativo ci dà una lezione: con tanti pezzi senza alcun apparente legame fra loro possiamo costruire un giocattolo bellissimo.
2. Maturità è consapevolezza del legame che abbiamo con tutto ciò che abbiamo intorno. È prenderci cura di quel legame e delle voci e delle radici di ogni persona che incontriamo.
3. Maturità è senso delle priorità.

4. Maturità è imparare dalla quotidianità e imparare a vivere la quotidianità.
5. Sei frammenti-parola con cui costruire una nuova realtà, nostra e del mondo: SPIRITUS, il SILENZIO e la PAROLA, il CAMMINO (che ho già illustrato), il TAVOLO, l'AMICHEVOLEZZA.

6
Spiritus

Tento una definizione: è il raggio di divinità che Dio ci ha regalato. E questo raggio, Dio l'ha rivestito della nostra pelle, del nostro corpo. L'uomo nella sua immagine più compiuta dovrebbe essere messo in condizione di fare le proprie esperienze e di essere libero, appunto, per incarnare lo Spiritus.

La Vita non si fa rinchiudere da nessuna religione (da *religo*, che significa «legare»), a meno che la religione non sappia esprimere il concetto di libertà, misericordia, accoglienza. La Vita deve vincere sempre. E se perde, perde per poi rinascere. Basta guardare cosa accade in natura.

Quindi, o siamo e viviamo insieme, diversi, ma veri e liberi, in pace, conoscendo e praticando l'arte della misericordia, oppure qualcosa alla base ci sta minando.

Negli esseri umani l'istinto della spiritualità è innato. È il quarto istinto fondamentale: Sopravvivenza, Potere, Sesso, Spiritualità.

È un istinto di origine genetica, fisico... ma dallo scopo metafisico. È la fame innata di nutrimento «extra», che ci spinge a cercare significati e a trascendere la natura, la dimensione terrena. È il rifiuto di una dualità fasulla tra cielo e terra, corpo e anima, è l'accettazione di una interezza che corrisponde alla nostra vera natura.

Dice Jung che «molti esseri umani si ammalano perché hanno perduto o perdono ciò che le religioni viventi hanno dato ai loro seguaci in ogni epoca. E non riusciamo a guarirli fino a quando non riacquistano la visione religiosa della vita».

Questo non ha niente a che vedere con una determinata credenza o con l'appartenenza a una determinata Chiesa, o «religione classica». Qui parliamo di «gene di Dio», di una predisposizione congenita alla spiritualità, alla ricerca di un'entità superiore.

Jung parla, appunto, di «istinto spirituale». Il nostro quarto istinto, se vince, riordina gli altri tre e ci aiuta a interrogare la nostra anima. La paura, gran parte della paura, è una forma di ateismo, un rifiuto emotivo dell'idea che possa esistere qualcosa di più grande di noi, piccoli, temporali e temporanei come siamo.

La spiritualità ogni tanto ci accuserà di aver avuto poco tempo da dedicare a lei, la più giovane delle creature interiori, capace di farci giocare, di farci ascoltare i suoi canti e i suoi silenzi. La spiritualità è follia, sogno, miracolo, amichevolezza. È quella parte in più che qualifica la nostra identità.

Romain Rolland scriveva, in una lettera a Freud, di un «sentimento oceanico». Alludeva al senso di ammirazione e soggezione che calma mente e cuore quando si percepisce l'esistenza di una realtà esterna immensa quanto un oceano. Un attimo misto di: Eternità, Meraviglia, Gratitudine infinita, Serenità profonda, Dolcezza incredibile.

Possono essere momenti semplicissimi, banali, quotidiani, ma improvvisamente carichi di miracolo. Il «sentimento oceanico» è una specie di sentimento religioso, che non ha però nulla a che vedere con i dogmi, i rituali, le dottrine salvifiche delle religioni istituzionali. La capacità di provare sentimenti oceanici è una condizione necessaria per vivere momenti di gioia e di dolore veramente autentici.

> Gli uomini mancano di immaginazione. Ripetono, copiano, chiacchierano. Dove ero io avevo un fiore e parlava sempre per primo.
> ... Gli uomini? Ne esistono credo sei o sette. Li ho visti molti anni fa, ma non si sa mai dove trovarli. Il vento li spinge qua e là. Non hanno radici e questo mi imbarazza molto. Gli uomini veri sono figli dello spirito, vivono in terra, ma non sono figli del tempo e del luogo.
> Antoine de Saint-Exupéry, *Il piccolo principe*

Wisława Szymborska, poetessa e saggista polacca, ha scritto una meravigliosa poesia, intitolata *Qualche parola sull'anima*, in proposito:

> L'anima si ha ogni tanto. Nessuno ce l'ha di continuo e per sempre.
> A volte nidifica un po' più a lungo... confusa tra l'estasi e le paure infantili.
> A volte, invece, arriva sorniona nello stupore della vecchiaia,
> quando tutto sembra esaurito.
> Raramente ci aiuta a spostare mobili, a fare dei menu e a portare valigie.
> Stranamente, in ogni frangente, ha le sue ore libere.

Su mille conversazioni, ne partecipa a una o due...
preferisce il silenzio al pensare a cose sue, mie, nostre, di tutti, di nessuno.
Gioia e tristezza, per lei, non sono sentimenti tanto diversi.
È dentro di noi, solo quando questi due sono uniti.
Possiamo contare su di lei quando non siamo sicuri di niente e curiosi di tutto.
Non dice mai da dove viene e quando sparirà di nuovo,
ma è contenta quando glielo chiediamo.
Così, a primo pelo, si direbbe che noi siamo necessari a lei,
quanto lei è necessaria a noi.

Tre situazioni spirituali

Vorrei soffermarmi su tre situazioni «spirituali» che mi interessano e affascinano:

- L'Atarassia (termine usato da epicurei e stoici): indica l'ideale di imperturbabilità e di serenità d'animo derivante dal dominio e dall'estirpazione delle passioni.
- L'Estasi: stato dell'anima staccata dai sensi, gra-

zie all'intensa contemplazione di un oggetto o soggetto straordinario (non esclusivamente o necessariamente religioso). Rapimento dello spirito e nello spirito.
- La Mistica: disciplina spirituale e corporea volta a esperienze intuitive di Dio.

Una «interiorità intuitiva»

L'intuizione (qui non si tratta di ragione, di cervello, nemmeno di educazione religiosa...) è la guida dell'anima che si manifesta spontaneamente nell'essere umano nei momenti in cui la mente è calma, distaccata, con le radici che scavano nel profondo.

È una specie di sesto senso, che tutti in qualche modo abbiamo avuto. In quei momenti, abbiamo capito che era nel giusto e che inspiegabilmente trasmetteva i nostri pensieri in modo efficace, autentico, vivace. Io, per mia comodità, l'ho chiamato «campo magnetico positivo». La nostra mente, liberata dalle interferenze (irrequietezza, interessi, equivoci, secondi fini...), diventa ricettiva alle onde radio più impalpabili e significative: si alza l'antenna delle nostre intuizioni e possiamo ricevere pensieri ordinari e straordinari, isolando quelli indesiderabili.

Non tutti fanno caso a questo istinto, perché in un modo o nell'altro l'abbiamo confuso o, per comodità e per semplicità (meglio: per semplificazione), assimilato a spiritualità «non istintuali», ma formali.

Questo tema dell'intuizione, banalizzato da noi esaltati dalla ragione, dall'intelligenza, scatena una potenza straordinaria e stravolge tutte le nostre credenze legate al cervello.

«Nelle campagne dell'India» disse una volta Steve Jobs, «la gente non utilizza l'intelletto, come facciamo noi, sfrutta l'intuito. Ed è uno strumento molto potente, forse più potente dell'intelletto, come lo intendiamo noi.»

È indubbio che per la maggior parte della nostra vita viviamo fuori dalla «cittadella» dell'intuizione, che in realtà è la vera guida dell'anima. L'intuito è una specie di diapason, che ci ridà la tonalità, che ci mantiene accordati col mondo. Dobbiamo ascoltarlo e non confonderlo. Semmai arricchirlo. Ci aiuta a vivere nella nostra «cittadella interiore», in quel pezzo di giardino terrestre sano che è rimasto, dopo l'avventura dei due progenitori, dentro ciascuno di noi.

Quando diventiamo adulti capiamo molte cose.

Molti ragionamenti hanno una logica distruttiva. Dal cervello escono solo domande tragiche: i «se», la disgrazia, la malattia, la morte, la fortuna sempre più sfortuna, la vecchiaia, l'ingiustizia, il disequilibrio, la fretta, il lavoro, il guadagno, l'amore che si consuma, se c'è. La nostra interiorità si secca, si svuota, perché siamo vissuti di cose che arrivavano da fuori... È morta la creatività, il nostro ecosistema interiore. La nostra cittadella non l'abbiamo mai curata. La nostra vita consumistica è suicida, non ha posto per la poesia, la concentrazione, il rilassamento.

Ripartiamo dall'istinto spirituale.

Dentro di noi si trova un giardino abbandonato che nessuno innaffia, ripulisce dalle erbacce e con il cancello chiuso. Altre volte io l'ho chiamato «l'anima dell'anima», il nostro tabernacolo, il santo dei santi... ma spesso gli ho dato una valenza fortemente formale, quindi legata a regole, limiti, complessi, abitudini. Invece, come abbiamo il corpo, i sensi, così abbiamo questo giardino naturale, che non c'entra niente con tutte quelle sovrastrutture religiose (organizzazioni, carismi, professioni) che noi ci siamo giustamente inventati. L'errore è stato che queste verità, credenze, abitudini, anziché aprire il giardino per pulirlo, arricchirlo, riempirlo di fiori, di poesia e di cuore, lo hanno soffocato, come un paio di occhiali neri, che uccidono la vista riducendo la percezione dei colori.

Tento di fare un piccolo ragionamento. Noi siamo una cassaforte, un caveau, e dentro custodiamo il mondo: minerale, vegetale, animale. Poi l'uomo pian piano ha capito che c'è qualcosa di grande, di misterioso, di infinito, «fuori» da queste realtà e si è inventato gli dei. E gli dei sono la proiezione di quello che l'uomo intuiva come esistente fuori di sé: le divinità pagane, l'Olimpo e così via. Così sono nate le religioni, le storie degli dei che hanno risposto, in parte, al bisogno di spiritualità.

Oggi, dopo secoli, siamo diventati tutti atei, perché ci siamo fatti le divinità a nostra misura, oppure le abbiamo cancellate per comodità.

Da qualche tempo è tornato il desiderio, il bisogno che tutti gli uomini e perfino gli atei si sono sempre portati dentro, molto più grande e profondo delle religioni formali. È una naturale, potente fame di nutrimento spirituale che, volenti o no, ogni tanto emerge, ci inquieta, ci spinge a cercare un significato e trascendere la nostra dimensione terrena, piccola, personale, datata.

Oggi esistono prove scientifiche che illustrano il «funzionamento» di questo istinto. Anche tra le persone che considerano la vita spirituale come una suggestione illusoria, ignorante, degna dei poveri, va diffondendosi l'idea che gli esseri umani non possano sopravvivere senza «il bisogno di Dio». Potrebbe essere un tratto fondamentale che va implementandosi sempre più profondamente nel nostro genoma con il succedersi delle generazioni (sono anche tornate le guerre di religione, purtroppo: traduzione sbagliata di questo bisogno).

Gli esseri umani che hanno sviluppato una sensibilità spirituale sono vissuti con pienezza e hanno tramandato questo tratto ai loro figli. Quelli che non l'hanno fatto hanno rischiato di estinguersi nel caos e nella furia omicida. Il biologo molecolare Dean Hamer ha sostenuto questa tesi in un libro intitolato *The God Gene* (Il gene di Dio): «La spiritualità umana possiede una componente genetica innata. Questo non significa che esista un gene a causa del quale le persone credono in Dio, ma indica che gli esseri umani ereditano una predisposizione alla spiritualità, una tensione verso la ricerca di una entità spirituale».

Quando Jung parlava di malattie spirituali non intendeva assolutamente che la psichiatria avrebbe riscoperto o prescritto una determinata religione. Queste riflessioni, ripeto, sono più originarie e non hanno niente a che vedere con l'appartenenza a una Chiesa. La scoperta di questo «giardino interiore» dà profondità e serenità e scaccia la paura esistenziale nella quale viviamo.

Abbiamo attivato il nostro «gene di Dio», ma non abbiamo ancora incominciato a vivere seguendo il nostro istinto spirituale. La paura, in fin dei conti, è una forma di ateismo, un rifiuto emotivo dell'idea che possa esistere qualcosa di più grande di noi.

Ripeto e termino: se torniamo a interrogare questa nostra anima, dopo aver disboscato e pulito il «giardino», allora la nostra anima ci accuserà di aver dedicato poco tempo a lei, di aver giocato poco con lei e aver ascoltato poco il suo canto, di averla venduta per denaro, di averla tradita per trarne vantaggi...

Chi vuole dare alla propria vita un valore e una qualità diversa non può non sviluppare questa dimensione.

Appunti

1. Spiritus è il raggio di divinità che Dio ci ha donato. Lo ha rivestito di carne, sangue e pelle.
2. Negli esseri umani l'istinto di spiritualità è innato. È il quarto istinto fondamentale. Gli altri sono: Sopravvivenza, Potere, Sesso. Jung parla di «istinto spirituale»; Romain Rolland parla di «sentimento oceanico».
3. Atarassia, estasi, mistica: tre passi della spiritualità.
4. L'istinto spirituale è «intuizione spirituale», che porta a una profonda conoscenza di noi stessi. Le religioni entrano in gioco nel cercare di dare delle regole, una struttura a tanta abbondanza. Ma il nostro compito è anzitutto quello di rispettare e custodire questa dimensione interiore.
5. Oggi il desiderio di istinto spirituale è fortissimo negli esseri umani.

7
Il silenzio e la parola

Il famoso quarto d'ora quotidiano

Come una goccia d'acqua può esprimere il sapore di tutto l'oceano, così può accadere per il silenzio, se sappiamo viverlo integralmente.

Il silenzio è vergine.

Non promette niente.

Non esistono mappe per percorrerlo.

Creando il silenzio totale (ogni tanto), tutto entra nella quiete, rasserenandoci e liberandoci dalle fissazioni, dalle preoccupazioni negative, dai desideri sbagliati, dalle agitazioni inutili.

L'intuizione spirituale ci può far capire quanto il silenzio possa diventare creativo.

I rumori ci dividono in pezzi, il silenzio ci unisce.

Dopo il quarto d'ora estatico, fuori dal tempo, viene alla luce e incontriamo tutto ciò che credevamo d'aver perduto, dimenticato. Una nuova lucidità ci permette di ricomporre noi stessi, di entrare in un'atmosfera ricca di presente, di passato e di futuro. Poi si rientra in una dimensione totalmente diversa, meravigliosa, incantata. Sparisce il tempo dell'orologio, e compare il tempo del cuore.

Il silenzio è un periodo di gestazione: come Gesù raccomandava a Nicodemo, nasciamo la seconda volta.

Il silenzio ci aiuta a vivere il presente.

Dietro il silenzio c'è sempre fame di mistero, di fascinazione, di speranza.

Il silenzio aiuta a vivere la ribellione (non la rivoluzione).

Nel silenzio non c'è un metodo. È un'attività personale.

Non si tratta di fare silenzio, ma di viverlo.

Siate il silenzio, siate l'amore.

Siate la ribellione, perché il silenzio odia la normalità.

Il silenzio è creativo.

Il silenzio sa preparare alla festa e al dolore.

Il silenzio non annulla alcuna relazione, non ci isola. Si può parlare giorni interi, senza rompere il silenzio.

Il silenzio è una solitudine comunicante.

Il silenzio serve per ritrovarci.

Il silenzio è inedito.

La luce si compiace di illuminare.

L'amore si compiace di amare.

Il silenzio pulisce la parola e la fa diventare feconda, tenera, rasserenatrice.

Ci sono molti gesti nella Bibbia che parlano delle tenerezze che Dio fa sentire nel silenzio o fa sgorgare dal silenzio. È dolce sentire Dio, che nel silenzio ti sussurra: «Se nessuno ha bisogno di te, io ti cercherò. Se hai fame e sete, io sarò il tuo pane e il tuo vino. Se commetti peccato, io sarò il tuo perdono. Se mi parli, dammi del tu. Se tutti ti dimenticheranno, le mie viscere si scuoteranno per ricordarmi di te».

Ogni tanto dobbiamo fermarci, perché la vita ci intossica. Abbiamo bisogno di un drenaggio. Ritrovare la radice, la carne viva, e poi depurarci... E, di nuovo, ripeto: fate ogni giorno un quarto d'ora di silenzio.

I «silenzi pieni» e i «silenzi vuoti»

Attenzione, però, perché i silenzi devono essere positivi, cioè pieni di: Umiltà, Ammirazione, Stupore,

Gioia, Amore... fino ad arrivare all'Amorevolezza e Amichevolezza.

Sono le parole di una nuova stagione della vita. L'amorevolezza non può far altro che fluire, come una cascata di acqua sorgiva: una sorgente di gesti amorevoli. L'amore, infatti, non sta nel soggetto e nemmeno nell'oggetto, ma sta nei gesti.

Come l'acqua scorre per il piacere di fluire, così l'amorevolezza si risveglia nell'uomo, per la gioia di vivere meglio, deve sgorgare da noi come l'acqua da una sorgente. Se questo non avviene, è perché c'è un impedimento, un ritardo di stagione.

Non è facile vivere ai margini del mondo. Il silenzio ci prepara proprio a questo. E non si sposa con l'essere arrendevoli, muti, impotenti. Al contrario, nel silenzio scopriamo che essere uomo è vivere in ribellione, in libertà, non unirsi alla corrente. Il silenzio ci fa toccare con mano qual è il nostro equilibrio. Poi, appoggiarsi al proprio asse implica pagare il prezzo della solitudine.

La vita è un mistero che alberga nel silenzio e nella libertà, in una dialettica tra ciò che è interiore e ciò che è esteriore che unisce fra loro e fa interagire le due dimensioni «dentro-fuori» della nostra persona.

In questo mestiere, l'amico della e nella storia più vera è il silenzio. Il silenzio mi sostiene quando le mie energie entrano in «folle», prima di cambiare marcia.

È urgente perciò scoprire le numerose dimensioni del silenzio. Ci sono anche sfumature negative. Mi spiego meglio.

Il silenzio è negativo quando è vuoto.

Quando è solo mancanza di parola.

Il silenzio vero è pieno! I «silenzi vuoti» sono silenzi di: Angustia, Colpevolezza, Debolezza, Indifferenza, Malumore, Paura, Invidia, Superbia, Rancore, Odio.

Quando vivi il silenzio positivo, sei nel tempo giusto, perché non sei preoccupato, spaventato, agitato all'idea di dover far notte in bianco, di perdere le tue certezze, le tue verità, i tuoi ritmi, la tua intimità. Invece, quando entri nel silenzio vuoto sei morto: tutto per te diventa attesa, chiacchiera, cambiamento, sistemazione, organizzazione, assestamento, un domani diverso da oggi, un dopodomani diverso da domani. Soprattutto un domani carico di attese che non si risolvono mai. Mentre l'unica attesa autentica sei tu: tu sei l'atteso.

Il deserto

Il silenzio vero crea il deserto. Per deserto intendiamo il terreno che ciascuno di noi deve percorrere da solo, per diventare «Io». Lo ha fatto anche Cristo. L'esistenza è sempre in un deserto. Ciascuno di noi nasce figlio, diventa orfano e rifà casa. Il quotidiano è il deserto che rifiorisce.

Il dono più grande dei genitori è l'abbandono, cioè non soffocare i figli, i nostri «discepoli», nei nostri progetti, ma affidare, come Abramo, i figli al deserto.

Il deserto è metafora dell'esistenza. Nessuna vita può rigenerarsi se non passa da uno stato di filiazione a un processo di spogliazione nel deserto. I destini, la follia, il carisma, il sogno non sono solo parole ma rigenerazioni.

Qualcuno ha detto che le parole sono creature viventi, ma anche prigioni sigillate dal mistero. Dobbiamo rischiare di liberarle, per coglierne i significati e scrutarne le cifre tematiche, apparentemente oscure e inesplicabili agli altri.

Le parole cambiano il loro significato nella misura in cui vivono e accompagnano i linguaggi nuovi, quelli della profezia, del sogno... scoprendo cioè le dimensioni semantiche del silenzio.

Pablo d'Ors scrive:

> La scrittura è rivelazione, nel senso che rivela a te stesso quello che devi scrivere. Non è un patto intellettuale, ma più profondo, direi viscerale. Parola e silenzio sono le due facce della stessa medaglia. La letteratura è un invito a tacere. Le parole partono dal silenzio e tornano al silenzio. Sia la mistica che l'erotismo cercano l'unità: ricompongono la separazione nell'unione dello spirito e dei corpi. Fare un'opera d'arte della propria vita. La virtù dell'adulto risiede unicamente nell'essere lì mentre la vita si scrive.

Quale silenzio per il camminante?

Bisogna camminare soli per ottenere l'effetto vero del cammino. Bisogna essere soli per essere liberi. E una buona «via» è immergersi nella natura, per gustare il silenzio di boschi, sentieri, albe e notti.

Qui tutto ci parla, ci saluta, ci guarda. Le piante, i fiori, il colore delle strade, il ronzio degli insetti, la pioggia, il sudore. Su un promontorio o in riva a un lago, veniamo posseduti dalla bellezza. Siamo sudditi e padroni.

Dopo una lunga camminata, o durante, a un certo punto non siamo più soli: compare il corpo, o meglio, c'era già ma si sente il bisogno di mettersi in comunicazione, di alzare la cornetta. Sono il corpo e l'anima che si cercano.

Le parole che aiutano a vivere nascono dal silenzio e muoiono nel silenzio di una circolarità senza fine. L'intreccio tra silenzio e parola dice molto di queste conquiste spirituali: c'è il silenzio che rende più viva la parola (i silenzi tra le parole, come nei testi musicali); c'è il silenzio che si sostituisce alla parola, nei momenti di amore, di dolore, di meraviglia; c'è il silenzio equivoco, ambivalente, traumatico, che chiede aiuto, che lancia il più profondo degli appelli.

Il silenzio ha i suoi linguaggi e i suoi orizzonti di senso e di non-senso: ho accennato, appunto, ai silenzi tristi, smarriti, inutili.

Spesso emerge l'incapacità di rispettare il silenzio. Il silenzio ci fa capire quanto sia fragile la parola. Le parole sono intrecciate al silenzio e la loro fragilità ha mille modi per esprimersi e rompersi. E qui nasce l'esigenza di ascoltarsi, per: Far tacere il lavorio del proprio pensiero, Sedare l'irrequietezza del cuore, Controllare il tumulto dei nostri fastidi, Dare ordine alle cosiddette distrazioni.

Nulla come l'ascolto ci può far capire la correlazione tra silenzio e parola.

Appunti

1. Per avere una solida vita interiore, dobbiamo percorrere la via del silenzio: il quarto d'ora di silenzio quotidiano.
2. Ci sono silenzi pieni e silenzi vuoti. Saperli distinguere è segno di saggezza e maturità.
3. Il silenzio vero crea deserto. Il deserto è il terreno che ciascuno di noi deve percorrere per diventare «Io».
4. Il silenzio più prezioso è quello del camminante: sotto le stelle, a contatto con la natura, con un amico.
5. Le parole che aiutano a vivere nascono nel silenzio e vivono nel silenzio. Il silenzio rende viva la parola e insegna a vivere e a morire.

8
Il Tavolo

Un atteggiamento prezioso: un rinnovamento profondo

Noi di Exodus chiamiamo «Tavolo» il luogo dei riformatori autentici. L'arte da inventarci attorno è quella di cogliere le pietre di ieri – a volte anche macerie, scarti – e con queste edificare, con amichevolezza, semplicità, follia e speranza la nuova costellazione del nostro camminare. Poi occorre riascoltare nel silenzio e nell'umiltà le nuove voci.

Il Tavolo deve servire a tornare alle domande carismatiche originarie, alle intuizioni da cui siamo partiti e da cui ogni cammino parte, anche personale, cambiando le risposte.

Non inventiamo corazze, regole, ma voli, aquiloni, cammini sempre più liberi, rischiosi, generatori di germogli e di alberature «rovesciate» in giardini interiori ed esteriori.

Come tutti, siamo nati unici. Dobbiamo rinascere poliedrici: alberi con rami nuovi. L'immagine più recente che mi parla di questo è quella della costellazione. Dobbiamo diventare una costellazione.

Abbiamo inventato il Tavolo, ma il Tavolo non è frutto di un ragionamento, non è la valutazione dei meriti dell'uno o dell'altro, non è un premio. Ho sempre diffidato dei migliori (me lo ha insegnato la storia). Exodus è una storia di uomini, di segni, di incontri, di scartini, di ultimi. In Exodus la giornata, l'organizzazione, il potere, il ruolo non sono mai stati obiettivi.

Dall'essere in cammino al Tavolo

Torniamo al camminare: noi siamo il nostro cammino, ho detto sopra. Anche il Tavolo è il frutto del cammino. Partiti da: Esodi, Carovane, Tende, Decaloghi, Capitoli (cioè confronti), Silenzio e Parola, Veglie, Ferite… siamo arrivati alla Tavola, con pane, vino, olio, erbe amare, teneri cantici.

Il Tavolo ha quattro gambe: Parità, Avamposti, Dialogo, Condivisione.

Il Tavolo mette insieme: Persone, Cose, Colori, Calore, Acqua e Fuoco, Pane e Vino.

A tavola non si invecchia. A tavola tutti sono «persone».

Il Tavolo è il rovescio del tempio, perché da: Giardino, Albero, Tempio, Arca, Cortili, Reggia, Tabernacolo, Altare, Leggi, Norme, Ruoli, Premi, Punizioni, Adorazioni, passiamo al Tavolo, con la lavanda dei piedi e il pane fatto in casa.

Il Tavolo e le relazioni

Nelle famiglie non è sufficiente abitare insieme: vanno interpretati il grido, l'SOS, le difficoltà interne. E il grido non ha bisogno solo di attenzioni parziali. Il grido si spegne quando l'abbandono è vinto.

Sta tutta qui la crisi della famiglia e della società.

L'altro sarà sempre l'altro, e guai quando sarà uno. Sarà l'altro che farà un intero, che ci completerà. Su questo punto ci sono errori interpretativi spaventosi: teologici, psicologici, sociologici, educativi.

Il Tavolo fa nascere il bisogno dell'altro. Senza la presenza dell'altro non c'è vita. Ma quale altro?

Un altro che sistema, ordina, apprezza, accoglie

tutto quello che sei. Come la mamma ha allevato il bambino, uscito dal suo ventre – la funzione della parola, delle gambe, delle mani ecc. – così l'altro mi aiuta ad allevare e a dare significato al grido interiore di aiuto. Solo così vinceremo l'abbandono, l'incontro fasullo, l'esperienza a frammenti, la divisione, il protagonismo.

Il Tavolo è la carne arrostita che dà gusto alla cena. È il pane cotto che alimenta i pasti a casa nostra. È il vino pregiato che fa sorridere il nonno. Sono le chiacchiere del nipotino che tengono banco per tutta la serata. È il gattino zoppo e bastardino che gira sotto la tavola il cui miagolio sostituisce la televisione. È l'odore di cipolla che fa scappare le mosche.

La Cena

C'è una cosa che nessuno riesce del tutto a definire, ma che tutti assumono, cucchiaio dopo cucchiaio, e che fa la differenza: la chiamiamo «cena» per semplificare, ma è molto di più, perché non è mai l'ultima e nessuno la tradirà.

È nata là, nella Cena di Gesù con i suoi discepoli. Hanno scritto che era l'ultima, invece è stata la prima, cioè quella che ha generato le Cene nelle quali il menu non è fatto di antipasti, primi e secondi. Il menu è l'incontro: «Dove sarete in due o tre riuniti nel mio nome, io sarò con voi...».

Non dimentico le componenti di legno che il nostro Tavolo deve avere. Le assi che compongono il Tavolo hanno diverse origini: Albero del Giardino, Albero di Abramo, Arca, Albero di Zaccheo, Albero di Giuda, Albero della Croce, Albero della Barca di Pietro (la Chiesa), Albero del pane.

Il Tavolo è tutti noi: Corpo, Anima, Sensi, Amicizia, Progetti, Profumi, Odori, Gusti, Sapori, Dolcezza.

Chi offre il Tavolo

Il Tavolo lo dobbiamo preparare noi, perché deve essere sempre pronto per accogliere.

Il nostro Tavolo è tondo, perché è a immagine del mondo. Il mondo lo cambiano i profeti, cioè gli uomini, da carisma a carisma.

Fascino e carisma talvolta convivono, talvolta qualcuno ha più fascino che carisma e talaltra ha più carisma che fascino.

Il Vangelo è una storia di incontri, che partono dalla strada e arrivano alla tavola.

Il Tavolo è il luogo della creazione, della resurrezione, del «battesimo» (ma anche del lavare i piedi), dell'amicizia, del tradimento, dell'orto «fatto cibo», della parola che rende puri: «Voi siete già puri a causa della parola che vi ho annunciato».

Il Tavolo è il luogo dove si rimane: «Rimanete in me e io in voi».

Il Tavolo è tralcio, vite, vino (legati strettamente: «Come il tralcio non può portare frutto da se stesso, se non rimane nella vite... chi non rimane in me, viene gettato nel fuoco e bruciato»).

Il Tavolo è sepolcro aperto, croce trasformata. Il Tavolo è il luogo del nuovo comandamento: «Questo è il mio comandamento. Che vi amiate gli uni gli altri come io ho amato voi...».

Il Tavolo è il luogo della gioia: «La vostra gioia sia piena».

Perciò il Tavolo è il miglior modo per aiutare gli altri:
- a essere se stessi;
- a diventare educatori, perché educabili;
- a imparare che ogni aiuto a qualunque «tu» è puramente volontaristico o superficiale, finché non

si scopre che «Io» sono «Tu», che «Tu» sei «Me» rimanendo «Te». E solo così faremo l'insieme.

L'amore è dare l'uno all'altro quello che non si ha, per ricevere quello che non si è.

Per finire

C'è un testo straordinario di David Maria Turoldo che voglio citare e così rendere mio.

> Più non abitate conventi di pietra, perché il cuore non sia un sasso.
>
> E anche voi, uomini, non fate artigli delle vostre mani.
>
> Liberi, o monaci, tornate senza bisaccia, nudi i piedi sull'asfalto.
>
> Sia il mondo il vostro monastero, come un tempo era l'Europa.

La sola strada che ci conduce lontano dagli idoli è quella percorsa insieme ai poveri.

Dio ci ha voluti a sua immagine, ma non bisogna diventare l'idolo di Dio. Il Dio biblico è innamorato dell'uomo, al punto di sognare di diventare come lui, ma tenendolo distinto e altro da sé. Tale scelta l'abbiamo pagata ad alto prezzo... perché Adamo è stato messo nella libertà di evolvere, di cambiare, di peccare, persino di negarlo e rinnegarlo, o trasformarlo in vitello d'oro e inchiodarlo su una croce.

L'immensa dignità e libertà dell'uomo fa sì che le insidie più profonde delle fedi si annidino proprio nel cuore delle religioni. Troppe volte crediamo di pregare Dio e invece parliamo di noi stessi, con noi stessi e con l'idolo... o gli idoli.

Il primo passo verso la conversione sta nel coraggio di difenderci dalla produzione costante di idoli, che continua a essere l'esperienza più comune sotto il sole.

La Bibbia è un grande esercizio di anti-idolatria. Ci insegna chi non è Dio!

Il Tavolo ci aiuta a non fare un'altra volta lo sbaglio di imbalsamare Dio dentro i tabernacoli, di idolatrarlo.

Appunti

1. Il Tavolo è una metafora molto efficace dell'accoglienza, dell'ascolto, dello stare insieme allo stesso gioco senza perdere la propria identi-

tà. Al Tavolo scopriamo che non basta essere «unici»: dobbiamo rinascere «poliedrici».

2. Il Tavolo è composto del legno di tanti alberi della Bibbia e della tradizione: l'Albero di Abramo... fino a quello della croce.
3. Il Tavolo fa nascere il bisogno di relazioni. È un luogo fisico, ma prima di tutto spirituale, di incontri.
4. Quella di Gesù non era l'ultima cena: era la prima.
5. Il mondo può e deve essere abitato come un tavolo intorno al quale ci incontriamo e costruiamo un'umanità nuova. Il Tavolo abbatte tutti gli idoli, restituisce verità all'amore e alla fede, è più importante del tempio e del tabernacolo.

9
L'Amichevolezza

Un'altra parola che nasce dal silenzio

Arrivati a questo punto del cammino, abbiamo consumato tante parole, ci siamo costruiti un piccolo vocabolario che volentieri ripetiamo e ogni tanto applichiamo e viviamo.

Il nostro metodo dà un'importanza fondamentale alle parole, perché non si ferma solo alla dimensione parlata, ma perché noi, anziché inventare metodi e formule terapeutiche, mistiche e religiose, alla parola abbiamo dato radici così profonde da trasformarle in azione.

Ne ricordo solo alcune: il cammino, il silenzio e la parola, il Tavolo, i decaloghi, la casa, le carovane, la follia, le comunità…

Siamo però andati in crisi quando tutti dicevano alcune parole importanti, e per noi programmatiche e motivazionali, che invece giravano nelle conferenze e nei congressi quasi fossero un oggetto che si poteva mostrare come una cosa ovvia, semplice, scontata. Così, tanto per dire: fraternità, comunità, servizio terapeutico, recupero.

Tuttavia, una delle parole che non sono di tutti, ma di don Bosco, mi fa riflettere: l'amorevolezza. In questa parola c'era dentro tutto don Bosco, il suo metodo e il suo amore per Dio e i ragazzi. Però la parola è così profonda, compromettente, forte, personale, unica, che mi ha spaventato. Ed è stato lì, medita e rimedita, che mi è uscita un'altra parola: Amichevolezza.

Mi sembra meno impegnativa e meno rischiosa di amorevolezza.

Voci amiche

Nella mia vita, l'amicizia mi ha aiutato spesso nelle incomprensioni, nelle solitudini, nelle avventure, nelle piccole ribellioni contro le istituzioni, contro le congregazioni. Qualche amico lo trovi sempre!

Quindi io, poco salesiano, mi accontentavo dell'amicizia.

Poi, l'esperienza, la riflessione e alcuni autori mi hanno allargato il cuore e offerto altri elementi per la lettura e per l'interpretazione di questa parola.

José Tolentino Mendonça, per esempio. Commentando la parola «amici», che Cristo ha dato ai suoi apostoli durante l'ultima cena, propone riflessioni stupende.

> Gesù ha avuto amici e l'amicizia è stata una pietra miliare nella costruzione del suo cammino. Egli associò alcuni amici alla sua missione; rese l'amicizia un luogo per il riconoscimento di se stesso e dell'amicizia di Dio. Se accettiamo la definizione di amicizia che ci ha dato Timothy Radcliffe, descrivendola come «il rischio immenso di lasciarsi guardare dall'altro, in tutta la nostra vulnerabilità, consegnandoci alle sue mani», a Gesù spetta, meglio che a nessun altro, la designazione di amico, e corro il rischio che per me diventi più impegnativa ed evangelica la parola amicizia che amore.

Nell'Introduzione all'opera di Raimondo Lullo, *Il libro dell'amico e dell'amato*, trovo scritto: «Nel pensiero medioevale l'amicizia era una delle forme dell'Amor benevolentiae: il sentimento altruista grazie a cui l'amico rinuncia a se stesso per cercare il bene dell'amato, preferendolo a ogni cosa, anche rispetto al proprio bene».

Lullo recepisce i topoi convenzionali della poesia amorosa (le immagini della fonte, della prigione, le lettere, gli occhi, la malattia, la scala, i segreti, l'uccello, il mare, la notte, l'alba, il pianto), ma li pone sotto un verbo che non esprime un momento immaginativo, bensì intellettuale (l'amare, il contemplare, il ricordare, il sacrificarsi, il moltiplicare, l'accrescere, il diminuire).

Si tratterebbe di un'opera mistica. Nel libro di Lullo è predominante l'esperienza mistica personale, con la teoria che funge da supporto. Ne deriva una straordinaria «esperienza»: l'amore come terzo principio che garantisce e salvaguarda una certa alterità all'interno dell'unione mistica.

Da qui la predilezione di Lullo per «lamenti, pianti e struggimenti».

E qui si aprono riflessioni misteriose e distanze mitologiche insuperabili tra gli amici. Il linguaggio della sofferenza ricorda che la presenza si alimenta di assenza, che l'unità degli amanti (comunità) vive nella distanza (proprietà di se stessi).

L'amico e l'amato conservano tra loro sempre una insopprimibile distanza ontologica. È un dialogo tra due persone incessante, il passaggio da una sterile soggettività (*amor sui*) a una intersoggettività feconda.

Perché, per Lullo, l'amore non teme di non essere ricambiato. L'amore ricambia sempre chi ama.

Questa reciprocità culmina nello scambio degli sguardi. «Con gli occhi dei pensieri, della stanchezza, dei sospiri e delle lacrime, guardava l'amico suo amato. Con gli occhi della grazia, della giustizia, della pietà, misericordia e generosità, l'amato guardava il suo amico.»

Lullo ci parla dell'estrema prossimità tra l'essere umano e la divinità. L'amicizia perfetta è quella che avviene all'interno della Trinità. «L'amato crea per il suo amico due amanti a sé somiglianti in virtù, amorevolezza e valore, e l'amico in egual misura di tutti e in tutti si innamora, sebbene solo uno sia l'amore che dà significato all'unità tripartita e amante essenza.»

In tal modo, tutte le amicizie umane sono un'immagine imperfetta, un'evocazione d'amore che lega le tre persone della Trinità tra differenza ed eguaglianza.

«L'uguaglianza arriva all'estremo quando l'amico e l'amato si consegnano completamente l'uno all'altro.»

Certamente qui passiamo da un estremo all'altro, perché tutto riporta l'amicizia a livelli tali per i quali tutti noi rimaniamo frastornati e incapaci di tradurre tali «altezze».

Riportiamo dunque l'amichevolezza su binari percorribili.

La perla di saggezza dei primi cristiani che più mi ispira viene dal Vangelo apocrifo di Filippo; riguarda appunto l'idea che siamo nati per vivere dentro realtà (spirituali e no) che hanno la nostra stessa origine ed è questo tipo di unione che offre l'opportunità per essere felici.

«Esistono forme di visione più alte di quanto si possa spiegare, più forti delle forze più grandi. Grazie al potere del loro destino coloro che vivono non sono più separati, sono una cosa sola.

Per coloro che lo sanno non è forse necessario riconoscersi?

Eppure alcuni non lo fanno e vengono privati di questa gioia. Quelli che si riconoscono, conoscono la gioia di viver insieme in questa completezza.»

Scrivevo, non so più dove, di «non cercare di diventare come gli altri. Di gente ce n'è già abbastanza». Se riusciremo a vivere l'amicizia come ho riportato sopra, non saremo certamente come «la gente».

Riporto qui un altro testo, dal libro *Nessun cammino sarà lungo* di José Tolentino Mendonça.

> Una storia orientale racconta di un albero solitario che stava bene in vista sulla cima della montagna.
>
> Non era stato sempre così. In passato, tutta la montagna era ricoperta di alberi meravigliosi, alti e smilzi, che i legnaioli, uno a uno, avevano tagliato e venduto. Ma quell'albero era storto, non poteva essere trasformato in tavole. Poiché era inutile per i loro scopi, i legnaioli lo avevano lasciato lì. Poi vennero i cacciatori di essenze, alla ricerca di legnami profumati, ma l'albero storto, poiché non possedeva nessun profumo, fu disprezzato e, una volta ancora, lasciato in piedi.
>
> Poiché era inutile, sopravvisse.
>
> Oggi, è solo sulla montagna, si vede da lontano su quella cima e i viandanti sospirano per potersi sedere alla sua ombra.

Un amico è come quell'albero: può anche essere utile, ma non è questo che lo rende un amico. La sua inutile, fedele presenza nella nostra vita rende la nostra solitudine un'esperienza di relazione.

Davanti a un amico, sappiamo che non siamo

soli. Nell'amicizia è il cuore che risponde al cuore, è l'emotività che risponde all'emotività. Il proverbio dice: «Un amico fedele è rifugio sicuro; chi lo trova, trova un tesoro».

Sarebbe importante, anche se inverosimile, organizzare tutte le nostre esperienze di vita attorno alla parola «amicizia». Non accadrà mai, ma è bello almeno pensarlo, sognarlo.

Il decalogo dell'Amichevolezza

1. L'amicizia rende nuove anche le vecchie parole.
2. Per crescere armoniosamente dobbiamo curare relazioni affettive sane.
3. Chi di tanto in tanto non ha voglia di cantare a squarciagola non è dei nostri.
4. L'amicizia vera dona la vista anche durante la notte.
5. Le mani sono per abbracciare il cielo, i piedi sono per abbracciare la terra.
6. Gli occhi sono come i laghetti di montagna: riflettono i monti e il cielo nello stesso tempo.
7. Tutti abbiamo un artista interiore che ha qualcosa da dirci, se noi gli permettiamo di venire a galla.
8. Io a questa vita do sempre i colori che si me-

rita, nonostante qualcuno butti secchiate di nero…

9. L'amico è una persona con la quale posso pensare a voce alta.
10. Gli amici sono veri gemelli nell'anima, essi convergono in tutto. L'uno non è lieto senza l'altro, né l'uno né l'altro possono sopportare il dolore da soli. Come se si scambiassero i corpi, fanno a turno nel dolore come nel piacere.

Permettetemi un fuori testo, o meglio, un testo strano, una canzone, che dice quello che ci siamo detti in queste pagine. La canzone è di Fiorella Mannoia e si intitola *Che sia benedetta*. A un certo punto dice:

> Per quanto assurda e complessa ci sembri, la vita è perfetta
> Per quanto sembri incoerente e testarda, se cadi ti aspetta
> Siamo noi che dovremmo imparare a tenercela stretta.

È un inno alla forza della vita, ma anche un invito pressante a vivere la vita con forza, con generosità, con entusiasmo. Solo così potremo interpretarla come la sfida che ci mette alla prova, ma ci regala anche la verità di noi stessi e la bellezza del mondo.

La cantante si spinge addirittura ad ammettere l'esistenza di Dio, che ha una sua volontà, che ci appare distante, ma che in fondo coincide con il disegno stesso della nostra esistenza, sempre che lo sappiamo leggere, abbracciare, fare nostro con gioia.

Si tratta di dimensioni esistenziali in cui, come dice giustamente la canzone, «nessuno è migliore», ma ciascuno è chiamato al passo che compete solo a lui.

Appunti

1. L'amichevolezza è fatta prima di tutto di autorevolezza. Conta incontrare e fare strada con chi ha vita vera e autentica.
2. L'amicizia è forse la più importante virtù biblica ed evangelica. Amichevolezza significa coltivarla con ostinata volontà e con vivo ottimismo.
3. Ci sono cose che si possono fare solo se apparteniamo a solide e gratuite relazioni di amicizia.
4. C'è un decalogo dell'Amichevolezza, ci sono canzoni che la esaltano, c'è una vita da riempire di senso grazie a essa.

10
Diversamente credenti

Cristo è il rivelatore del rovescio del mondo: la grammatica del diversamente credente

Perché abbiamo inventato il cielo, se Cristo ha fatto l'impossibile per portarcelo in terra?

Perché abbiamo ricostruito templi faraonici, dei Pantheon nei quali abbiamo rinchiuso lo spirito? Perché riseppellire la vita dentro ai tabernacoli dorati se la Vita, rovesciando la pietra, ha abbracciato nel giardino le donne che l'aspettavano?

Perché prendere le distanze da tutte le realtà umane, spaventati dal disordine originale, se l'ultima verità, vincitrice, trasformerà il Creato in dimora del Regno?

Nelle parabole, Cristo è laico. Assume le immagini del contadino, del pastore, del vignaiuolo come il linguaggio più adatto a fare sintesi e unità tra storia e creazione, vita quotidiana e agire cristiano di Dio.

Cristo ha aspettato un po' prima di spiegare agli apostoli la rivoluzione, il rovesciamento totale dei valori, delle credenze, delle mentalità legate ancora a cerimonie arcaiche. Poi ha inventato la preghiera, parabola, racconto e sintesi della sua e della nostra vita. Nel *Padre nostro* ci sta tutto il Vangelo, tutto ciò che è diversamente religioso.

Il quotidiano è il Paradiso del credente, il Padre è «Colui che sono tra di voi, ora». Il pane è cielo, terra, parola, perdono, tempio, tenda, comunità e singolarità, mondo e stanza.

Per il diversamente credente la Parola non è solo Parola, è carne, azione, gesto, incontro.

Ci sono tre tipi di parole: le parole che comunicano, le parole che insegnano, le parole che creano relazioni, desiderio dell'altro.

Nessun uomo è un'isola. Nessuno può vivere solo, anche Dio è trino.

Gesù e la sua simpatia per l'umano

Torno sulla grande simpatia che Cristo ha per tutto quello che è umano. Il Buon Samaritano: tra il prete, il levita e l'uomo (il samaritano), si salva l'uomo. Tutto ciò che accade nel tempio non interessa Cristo. A Lui interessa tutto ciò che è umano.

Le nozze di Cana, il Figliol Prodigo, Lazzaro, Marta e Maria, Zaccheo, la vedova, i bambini, il pane, la cena, la tavola, la barca, la strada.

Ha sintetizzato il Vangelo in tre gesti: sul Monte, dicendo le beatitudini, nel *Padre nostro*, nel Cenacolo.

Nel *Padre nostro* ha trasformato la vecchia storia ebraica della liberazione in una riga: «Liberaci dal maligno, dal nuovo Egitto...». Il Vangelo dunque è un nuovo esodo. Dalla manna al pane, dalle dieci leggi alla legge dell'amore, dalla morte del condottiero dubbioso alla morte-resurrezione dell'uomo-Dio, dalla terra promessa al mondo: «Andate... tutto il mondo è terra promessa, perché il Padre è padre della terra e del cielo...».

La Pentecoste è il nuovo diluvio purificatore – diluvio di fuoco, lingue di fuoco – e gente di tutto il mondo che parla la stessa lingua. Il Dio onnipotente, creatore, Signore, divinità si è confuso tra i padri e ha trasformato il regno mondano, il tempio di pietra, il santo dei santi, in una casa dentro la quale tutto diventa pane, vino, amicizia, fraternità, cena, resurrezione.

Il diversamente cristiano ha capito, non con la

testa o con il catechismo in mano, ma aprendo il cuore, che c'è una vita diversamente regale, nella quale l'anti-potere, l'anti-autorità, l'anti-regola si trasformano in «vita abbondante».

«Ama te stesso!»

Ama Dio come ami te stesso, ama gli altri come ami te stesso, io e voi siamo una cosa sola, come siamo una cosa sola io e il Padre. Fate comunità, perché là ci sono io!

Dice san Basilio: «L'uomo è una creatura che ha ricevuto l'ordine di diventare Dio», ma lo diventa vivendo in profondità la sua umanità.

L'uomo della vita abbondante è l'uomo ricco dell'irruzione del Dio Padre dentro di sé. Il diversamente cristiano sa liberarsi dal bisogno inutile, dal possesso, dal potere, dall'autorità, sapendo creare positività, relazioni, calore umano, serenità.

Il diversamente cristiano si libera anche dal possesso di Dio, si libera dal Dio del tempio, dal Dio dei miracoli, dal Dio rinchiuso nel tabernacolo e poi dimenticato e travisato lungo le strade, tra i poveri, nei luoghi della sofferenza.

Dobbiamo liberarci dalla dipendenza perché questa fu la grande rivoluzione che Cristo ha portato con la sua venuta tra gli uomini: il bisogno di possedere, o di essere posseduti da Dio, colloca ancora una volta Dio nel Pantheon delle divinità, e non nelle case della gente. Cristo ha smontato le statue di Dio e l'ha piantato sulle strade, sulle tavole.

Lutero non aveva tutti i torti. Ermes Ronchi, commentando il *Padre nostro*, dice: «Il miglior commento al *Padre nostro* è la parabola, splendida, in cui il padre rompe i ruoli e contro tutte le regole del patriarcato, corre incontro al figlio scapestrato che sta tornando a casa. Questo è un Padre che fa la strada con i piccoli, che sta dentro la storia umana e non al vertice della scala sociale... Il cielo (e il tempio) del nostro Dio sono i piccoli e i poveri nei quali si nasconde, ai quali si rivela. Dio siede alla destra di ciascuno di noi».

Affidarsi a Dio

C'è un'altra caratteristica interessante e profondamente evangelica del nostro discorso. Il diversamente cristiano si abbandona «ciecamente» all'irrazionale, all'impossibile, all'assurdo. Sa che la logica di Dio è molto diversa dalla nostra. La nostra, frutto della testa e della prudenza politica, sarà sempre perdente.

Mi piace portare un esempio: il diluvio.

Stanco di tanta disobbedienza e peccato, Dio aveva deciso di cancellare dalla faccia della terra tutta la carne creata dalla sua mano. Sarebbero state sterminate le genti, le bestie, i serpenti e perfino gli uccelli del cielo.

Quando il saggio Johannes Stöffler rese nota la data esatta del secondo diluvio universale, che avrebbe seppellito tutti sotto le acque il 20 febbraio 1524, il conte von Ingelheim alzò le spalle. Ma accadde che Dio in persona gli apparve in sogno, barba di lampi, voce di tuono e gli annunciò: «Morirai annegato».

Il conte von Ingelheim, che era capace di ripetere l'intera Bibbia a memoria, saltò giù dal letto e fece chiamare d'urgenza i migliori falegnami della regione. E in un batter d'occhio sulle acque del fiume Reno comparve un'immensa arca galleggiante, alta tre piani, fatta di legno resinoso e impeciata sia dentro che fuori. Allora il conte ci entrò con tutta la famiglia, tutta la servitù e viveri in abbondanza, e portò sull'arca una coppia, maschio e femmina, di ogni specie di tutti gli animali che popolavano la terra e l'aria. E aspettò.

Il giorno fatidico cadde la pioggia. Non molta, fu piuttosto una pioggerellina, ma le prime gocce bastarono per scatenare il panico e una folla impazzita invase le banchine e s'impossessò dell'arca. Il conte oppose resistenza e fu gettato nelle acque del fiume dove morì annegato.

Il conte sapeva tutto… ma morì annegato. Sapere tutto è pericoloso. Molto meglio essere imbecilli. Esiste un librettino di Pino Aprile, con la presentazione di Sergio Zavoli, intitolato *Elogio dell'imbecille*. Riporto alcuni passaggi.

> La nostra imbecillità è diventata la nostra spiritualità, cioè la strada sulla quale stabilire un contatto più vero con noi stessi e con il mondo. Altri hanno scelto percorsi più ammirati, autostrade! A noi è stato offerto il sentiero della imbecillità. Cristo non ha scelto di essere debole, come nell'orto degli ulivi, tradito dal suo apostolo? Bisognoso di un cireneo per portargli la croce? Non capito da tutti i suoi? E anche da noi… I cristiani doc amano più il Cristo delle cattedrali, il cattolicesimo quantitativamente rilevante! Al Dio povero, affamato, inchiodato, chi ci crede?

Dario Fo, parlando di *Pinocchio*, ribadisce che

> è la favola da portare con noi perché abbiamo ancora bisogno di Lui... Dietro alle parole semplici e a quei tratti incantati di fiaba, *Pinocchio* proietta allegorie e frecciate satiriche sempreverdi. Cos'altro è il Paese dei Balocchi del sabato sera? E Lucignolo con i suoi amici ciuchi che mandano il cervello al macero? E Mangiafuoco che trasforma i burattini in automi computerizzati? E il campo dei miracoli dove i soldi crescono e si moltiplicano sugli alberi?

Dorothee Sölle ci aiuta a chiudere questa piccola riflessione sull'essere diversamente credenti:

> La religione è il tentativo di non sentire niente al mondo come straniero, ostile, fatale, senza senso, ma di trasformare ogni cosa che ci capita inserendola nel nostro mondo umano. Dobbiamo interpretare ogni evento in modo tale che diventi «per noi». Tutto ciò che è rigido diventi flessibile, ciò che è casuale diventi necessario; tutto ciò che appare privo di senso sia creduto e pensato come se fosse vero e buono. La religione è il tentativo di non tollerare alcun nichilismo e

di vivere un infinito (finalmente inconfutabile) assenso alla vita.

Di nuovo: appassionati della nostra stessa interiorità

Chi ama il mare non teme di uscire al largo anche quando le onde sono alte; sa bene che l'unico modo per navigarlo non è aspettare che si calmino le onde ma, con intuito e grande perizia, orientare di volta in volta le vele.

Potrebbe essere banale dire che è più facile orientare le vele che sedare gli oceani. Eppure ci sono ancora personaggi non stupidi, non di secondo grado, che si credono più forti dell'oceano.

C'è un segreto nella nostra vita, che è tutt'altra cosa rispetto ai soliti segreti personali. È la creazione, la manutenzione, l'espansione di un proprio ambito riservatissimo, tutto e solo nostro, ignoto anche ai più cari compagni di vita. Una sorta di metaforica «stanza» (un tabernacolo, il santo dei santi) all'interno della nostra casa esistenziale, che esploriamo solo quando certi incontri si trasformano in miracoli e quando la solitudine si arricchisce di presenze. Perché non sempre la solitudine è carica di pesantezze. Spesso è anche il luogo della pace, nel quale incontrarsi con il proprio cuore, le proprie azioni, le parole, i pensieri; nel quale perdonarsi e trovare la trasparenza dell'animo.

È il momento della pace, dove ci si lascia andare alla nostalgia che riempie gli occhi di lacrime, rivivendo momenti e sensazioni impagabili che riportano con la mente e con il cuore là dove siamo stati e dove per alcuni istanti vorremmo tornare.

Questo spazio interiore è l'unico infinito, l'unico eterno che non invecchia e che ci permette di riempire di gioia la nostra quotidianità. È l'anticipo dell'eternità che ci portiamo dentro.

Godiamoci questo spazio. È un «di più felicitante», non episodico, è parte di un mondo parallelo, nel quale energia, vita, infanzia e sogno erompono.

Se riuscissi ad aprire questo tabernacolo più spesso, scoprirei la meraviglia dei miracoli quotidiani e perfino il dolore mi parrebbe più prodigioso della gioia, e la fede diventerebbe grande come la storia.

Ho cercato di non trincerarmi nella dottrina, ma di trasformarla nello scintillante arco di passaggio verso la sconfinata presenza che è in me. Le nostre liberazioni ci possono aiutare a costruire delle arche con cui navigare oltre i diluvi e le Babilonie, e a tuffarci negli abissi insondabili per divenire tutt'uno con la nostra anima originaria, di cui siamo sempre in cerca.

Vorrei essere

Vorrei essere il diluvio che mi annega, giacché nella mia disfatta consiste il tuo rivelarsi.

Vorrei cancellare ogni tuo credo... Vorrei un Dio nudo e disadorno, più limpido e meno burocratico.

Nel ricercare la verità guarderò oltre i campi lineari del tempo e della logica, perché arrampicandomi su una scala di concetti e issandomi sui pioli del ragionamento, arriverò solo dove sono sempre stato. Per sfuggire alle logiche delle regole, delle scale, dei concetti, dei pioli, ho liberato la mia mongolfiera. Si è incontrata con il mio Dio e abbiamo cantato insieme.

Il mio Dio è un poeta

È la storia fatta poesia.
Perché in tre giorni cambia i funerali in Pasqua.
Perché ha giocato dentro la pancia di una donna
per nove mesi.

Perché con un pezzo di pane invita a tavola il mondo intero.
Perché ha scelto una collina per predicare.
Perché conosce tutte le sue pecore per nome.
Perché un giorno sul lago di Tiberiade ci ha cullati come bambini.
Perché quando ci sentiamo soli e spaventati ci regala
arcobaleni che ci aspettavamo
e tenerezze che non ci saremmo mai sognati di aspettare.
Perché ci ha regalato un cuore capace di accogliere
nello stesso giorno mille mattutini.
Perché ci cerca sempre, soprattutto quando lo tradiamo.
Perché con le nuvole disegna Cappelle Sistine migliori di quelle di Michelangelo.
Perché il cantico alla vita l'ha composto con due corpi
e non con due angeli.
Perché con il fruscio di un ulivo completa la battuta
che mancava alla *Messa da Requiem* di Verdi.
Perché fa danzare anche le foglie secche.
Perché ha scelto il deserto come convento.

Perché ha inventato la Madonna.
Perché usa le pozzanghere per fotografare le aurore e le primavere.
Perché ha voluto per la sua prima Chiesa una pietra angolare,
anche oggi scartata.
Perché con una fionda ha reso vittoriosi i perdenti,
e rotolando una pietra perdenti i vittoriosi.
Perché ci ha cercato tra gli scartini e ci ha trasformato
in capitelli di cattedrali.
Perché ha bussato una notte alla porta della nostra casa e, nonostante tutto,
ha detto: «Ti aspettano cammino e semina».

Al mio Dio piacciono gli ulivi

Quando ero piccolo avevo paura anche guardandoti da lontano.
Scarno, scheletrito, martoriato nei tuoi contorcimenti,
con le radici tra i sassi.
Non c'è millimetro dritto nella tua ossatura.
Allarghi le tue braccia scarnificate con le sembianze del disperato

che urla al vento la sua fame e la sua sete.
Tu non abbracci, non benedici, non fai ombra.
Chi ti vede come ti vedevo io vicino a una quercia secolare
si intenerisce.
Sembravi piccolo, sperduto, spennacchiato, infreddolito,
timoroso di esistere.
La quercia ti superava di decine di metri.
Nella sua smisurata apertura era refrigerio per i pellegrini,
musica per gli uccellini, pausa terapeutica per i vecchietti,
occasione di dibattito acceso per i maggiorenti del paese
(quelle che oggi chiamiamo tavole rotonde).
Tu, rinsecchito, anoressico, fragile sul ciglio del solco,
con le radici quasi scoperte, non parlavi mai.
Tutti ti passavano vicino e tutti si fermavano a guardare
e ammirare non te ma la grande quercia.
Più tardi in un mese, mentre ammutoliva la grande
quercia, tu davi da mangiare a tutto il paese. I tuoi frutti, piccoli,

amari, andavano a ruba. Ti bastonavano per rubarteli,
per portarli al mulino, per triturarli, macinarli.
Ne usciva un «mosto» colore oro dal gusto indescrivibile.
Non era vino, non era liquore, non era bibita,
non era dolce, non era amaro... era olio.
Medicina e nettare, unguento e condimento,
companatico del povero, merenda del pellegrino...
strategia del cuoco blasonato, ingrediente raro del pasticciere,
bottiglia ricercata nelle vetrine del salumiere, tocco magico del fornaio.
Mentre le foglie della grande quercia cadevano e invecchiavano,
il tuo olio veniva venduto così lontano che nemmeno
le rondini della quercia sapevano dove.
Mi dicono che tu hai cento vite, non muori mai,
che sei ancora quello dell'orto degli ulivi di Cristo
con i sudori della morte.
Tu sei sempre essenziale, ascetico, amaro, defilato.
Solo sotto le tue braccia scheletrite Cristo poteva gridare:

«Padre, perché mi hai abbandonato?».
Poco dopo anche Cristo, come te,
è diventato olio per lenire le ferite del mondo.
P.S. Vuoi che ti sveli un segreto, caro ulivo? Anch'io tempo fa piantai un ulivo nella Cascina di Milano in occasione di un importante anniversario: l'Ulivo dei venticinque anni di Exodus. Il suo tronco a V significa: Via, Verità, Vita, Vittoria!

Il mio Dio è un pezzo di pane

Chi mangia la mia carne e beve il mio sangue... avrà la vita... Ogni volta che mangi il mio corpo... insieme io e te risorgeremo.

Mangiare il Figlio per arrivare al Padre, per diventare tempio nuovo. Solo mangiando Dio troveremo Dio, diventeremo Dio. È il più alto grado dell'amore. Diventare un solo corpo, insieme, l'uno dentro l'altro, tutto l'uno dentro tutto l'altro.

Unità come Trinità.

Perché l'amore genera. A ogni abbraccio c'è sempre un altro che nasce.

Ho capito solo adesso perché Dio è un pezzo di pane. Perché il pane deve nascere e morire tante volte prima di risorgere dentro di me. Deve morire e risorgere dentro la zolla, morire e risorgere come spiga, morire e risorgere come farina, morire e risorgere nel forno come Pane.

E alla fine risorgere dentro di me. Il pezzo di Pane è la mia resurrezione. Mangio la mia resurrezione. Il mio Dio mi ha insegnato a percepire la vita come esperienza di resurrezione.

Il mio Dio, quando era onnipotente, creatore e Signore, mi ha visto mangiare la mela e sono morto. Il mio Dio, quando è diventato debole, fragile, mi ha fatto mangiare il Pane della vita.

Beati coloro che condividono il pane spezzato.

Noi siamo quello che mangiamo!

A te è bastata una tavola, una cena per rovesciare le liturgie e trasformarle in inviti semplici, caldi e fraterni: «Se siete due o tre che mangiate nel mio nome ogni volta io sarò con voi».

Che belle le tue tre messe, Signore, quella del giovedì santo, quella con i due di Emmaus e quella degli apostoli sul lago... Vieni Signore dai, vieni che mangiamo insieme...

Il mio Dio è povero, pacifico, limpido, seminatore

Nasce in una grotta, non ha tana, non ha pietra su cui posare il capo.
È rimasto orfano giovanissimo, ha amato il deserto, la collina, la strada, la barca.
Ha camminato tanto, sempre.
Ha chiamato beati i poveri.
Ha odiato la ricchezza e l'ipocrisia.
L'unica tunica se l'è vista barattare tra i soldati.
Era per il «sì, sì», «no, no».
La limpidezza, l'infanzia erano le sue debolezze.
Accarezzava i bambini.
Ha trasformato il potere in servizio, ha lavato i piedi, si è messo il grembiule.
Ha chiesto da bere a una donna samaritana, pubblica peccatrice.
Non ha mai avuto paura di sporcarsi...
all'ultimo si è sporcato di sangue.
Il mio Dio non si lava mai le mani!
Ha privilegiato sempre le persone sbagliate.
È morto su due pezzi di legno.
Ha visto Barabba trionfare.
Ha detto che il giusto vive morendo.

Ha scelto dodici scartini e li ha mandati per il mondo.
«Comandò loro che, a eccezione di un bastone,
non prendessero nulla per il viaggio:
né pane, né bisaccia, né denaro nella cintura.
Che calzassero i sandali ma non indossassero due tuniche.»
È diventato così povero da risparmiare perfino la parola.
Da secoli è un silenzio sconcertante.
Tace soprattutto quando dovrebbe farsi sentire,
dovrebbe urlare, maledire come fece con i farisei.
Il mio Dio non vuole avere nemici.
Ha semplificato anche i comandamenti. Ha detto che ne basta uno:
«Ama Dio con tutto il tuo cuore e il tuo prossimo
con la stessa intensità con la quale ami Dio».
Il mio Dio è arrivato all'assurdo.
Semina dove non raccoglie, aspetta chi non arriva,
si fa mangiare dai suoi persecutori, perdona settanta volte sette.
Perché secondo lui chi possiede la logica diventa sacerdote
del tempio e non discepolo della strada.
Sulla strada c'è una sola logica... camminare, aspettarsi, aiutarsi, condividere...

La logica della strada la dà la strada e non i paracarri.
Le segnaletiche servono a chi ha la macchina.
Per chi cammina l'unica segnaletica è il sorriso di chi gli sta vicino.

Il mio Dio è fragile

Il mio Dio non è un Dio duro, impenetrabile, insensibile, stoico, impassibile.
Il mio Dio è fragile. È della mia razza. E io della sua.
Lui è uomo e io quasi Dio.
Perché io potessi assaporare la divinità, lui amò il mio fango.
L'amore ha reso fragile il mio Dio.
Il mio Dio conobbe l'allegria umana, l'amicizia,
il gusto della terra e delle sue cose.
Il mio Dio ebbe fame e sonno e si riposò.
Il mio Dio fu sensibile. Il mio Dio si irritò, fu passionale.
E fu dolce come un bambino.
Il mio Dio fu nutrito da una madre e sentì e bevve
tutta la tenerezza femminile.
Il mio Dio tremò dinnanzi alla morte.

Non amò mai il dolore, non fu mai amico della malattia.
Per questo curò gli infermi. Il mio Dio patì l'esilio.
Fu perseguitato e acclamato.
Amò tutto quanto è umano, il mio Dio: le cose, gli uomini;
il pane e la donna; i buoni e i peccatori.
Il mio Dio fu un uomo del suo tempo.
Vestiva come tutti, parlava il dialetto della sua terra,
lavorava con le sue mani, gridava come i profeti.
Il mio Dio fu debole con i deboli, e superbo con i superbi.
Morì giovane perché era sincero.
Lo uccisero per la verità che era nei suoi occhi.
Ma il mio Dio morì senza odiare.
Morì scusando, che è più che perdonare.
Il mio Dio è fragile.
Il mio Dio ruppe con la vecchia morale del dente per dente.
Il mio Dio, gettato nel solco, schiacciato contro la terra,
tradito, abbandonato, incompreso, continuò ad amare.
Per questo il mio Dio vinse la morte.

E comparve con un frutto nuovo tra le mani: la resurrezione.
Per questo noi siamo tutti sulla via della resurrezione:
gli uomini e le cose.
È difficile per tanti il mio Dio fragile.
Il mio Dio che piange, il mio Dio che non si difende.
È difficile il mio Dio abbandonato da Dio.
Il mio Dio che deve morire per trionfare.
Il mio Dio che fa di un ladro e criminale
il primo santo canonizzato della sua Chiesa.
È difficile il mio Dio, fragile amico della vita.
Il mio Dio che soffrì il morso di tutte le tentazioni.
Il mio Dio che sudò il sangue prima di accettare la volontà del Padre.
È difficile questo Dio.
Questo mio Dio fragile per chi pensa di trionfare soltanto vincendo,
per chi si difende soltanto uccidendo,
per chi salvezza vuol dire sforzo e non regalo,
per chi considera peccato quello che è umano.
È difficile il mio Dio fragile
per quelli che continuano a sognare un Dio che non somigli agli uomini.

Il mio Dio è sconcertante

Il mio Dio è sconcertante, è intimo ed è trascendente.
È dolce e violento, è eterno e nasce sempre.
Ci crea per la felicità e ci alimenta nel dolore.
Benedice ciò che tanti temono, ama quello che tanti disprezzano,
chiede ciò che sembra impossibile.
È venuto a portare la guerra ed è pacifico.
È Dio e uomo.
Maledice gli ingiusti e sopporta l'ingiustizia.
È Padre Onnipotente e il dolore continua a torturare la terra.
Esige che conquistiamo il mondo, immergendoci in esso,
che amiamo tutto quanto è umano, e ci vuole proiettati verso l'aldilà.
Chiede la santità per tutti e sceglie a capo della sua Chiesa
l'apostolo che lo rinnegò.
Predilige i deboli e i poveri
e sono quelli che continuano a soffrire di più.
Imprime la sua legge in ogni coscienza e fonda una Chiesa

che si pone a volte in conflitto con questo grido interiore della coscienza.
È sempre presente e nessuno può vedere il suo volto.
Chi ama un uomo, ama lui, eppure continua a essere l'Unico.
È tutta la nostra vita e non ha un nome.
Quanto più ti avvicini a lui, quanto più lo ami, meno lo capisci.
È la libertà ed è venuto a obbedire.
È l'amore ed esiste l'inferno.
Innalza il matrimonio a sacramento
a immagine della sua unione con la Chiesa.
E lui e sua madre sono vergini.
È il cuore della nostra storia,
non cade un solo capello senza la sua complicità
e milioni di uomini sentono la terra vuota di lui
e lo considerano superfluo.
È allegria e dolore insieme.
È il santo e fu amico dei peccatori, è il vergine e permise
che le prostitute lo amassero, andò contro i ricchi ma mangiava con loro.
È difficile il mio Dio.
Sconcertante per l'uomo che vuole misurarlo tutto,

per quanto vorrebbe imporgli una logica.
Ma il mio Dio sfugge a tutte le logiche e alle nostre misure.
Il mio Dio è così: meraviglioso, ineffabile, unico e sconcertante.
È l'essere ed è in movimento.
È ciò che era e quello che sarà.
È tutto e niente, è lui.
Il mio Dio sconcertante è Colui in cui si crede senza vederlo,
che si ama senza toccarlo,
in cui si spera senza sentirlo,
si possiede senza meritarlo.

Mi ha anche regalato una madre

Non smettiamo mai di essere figli.
Da quel cordone ombelicale reciso troppo in fretta,
che ci ha portati alla conoscenza del mondo,
a quel legame sempre più sottile, meno irrorato di sangue
ma pieno di vita e più consapevole.
Non smettiamo mai di essere figli.
Quei figli che hanno amato di un amore incondizionato prima

e sempre più razionale poi.
Quell'amore che si è infarcito di tenerezze
e di sensi di colpa nello stesso tempo.
Quell'amore che ci ha fatto crescere, ma a volte ci ha fatto del male.
Quell'amore che ci ha impedito alcune scelte
e ce ne ha fatto fare altre sicuramente non gradite.
Non smettiamo mai di essere figli.
In fondo desideriamo sempre quell'amore che protegge,
come quando, cuccioli, ci si accoccolava tra le braccia della mamma.
L'amore adulto nulla ha a che fare con le braccia di una madre,
perché l'amore adulto chiede partecipazione,
l'amore della madre solo abbandono.
Ora quando il legame piano piano si recide
perché così è il cammino della vita,
ancora di più sentiamo il bisogno di tornare a essere figli
in quell'abbraccio che protegge
e che ci fa sentire meno soli.
Non smettiamo mai di essere figli.
Andiamo sempre ricercando quella saggezza
che solo la lunga esperienza della vita

ha saputo accumulare;
quella parola detta nel momento preciso,
quello sguardo donato anche da lontano,
quella preghiera che invoca protezione.
Non smettiamo mai di essere figli.
Anche nei sensi di colpa che ci portiamo dentro
per non aver fatto, per non aver detto, per non aver agito o pensato.
Anche per aver tradito le aspettative
o non aver realizzato i progetti pensati da altri;
per non aver amato abbastanza, per aver reciso
il cordone troppo in fretta
o per averlo tenuto in vita troppo a lungo;
per aver amato troppo dimenticando noi stessi
e trovando giustificazione nel prenderci cura degli altri.
Non smettiamo mai di essere figli.
Perché non vorremmo mai che la vita ci portasse via
ciò che la vita ha generato.
Tu, poiché hai capito che le madri non devono morire,
l'hai riportata viva in cielo tra le nostre madri.

Appunti

1. Cristo è laico. La sua vita, le sue scelte, le sue parole e parabole, i suoi affetti ci parlano di un radicale cambiamento della qualità della vita, più che di una nuova religione con le sue regole e i suoi ingredienti. Cristo ha simpatia per tutto ciò che è umano, e in questo sta la sua divinità.
2. Il diversamente credente conosce la via dell'amare se stesso (come comandato da Gesù) e dell'affidare se stesso a Dio.
3. Il diversamente credente non impara a memoria dogmi e dottrine, ma è innamorato della propria interiorità, nella quale scopre le dimensioni dello spirito che è possibile condividere con tutti.
4. Il diversamente credente ama il diluvio, perché ama ripartire dalla verità e dallo Spirito.
5. Il mio Dio è un poeta.
6. Al mio Dio piacciono gli ulivi.
7. Il mio Dio è un pezzo di pane.
8. Il mio Dio è povero, pacifico, limpido, seminatore.
9. Il mio Dio è fragile.
10. Il mio Dio è sconcertante.
11. Mi ha anche regalato una madre.

11
Decaloghi

Cosa sono i Decaloghi, a cosa servono e come si leggono

I Decaloghi sono Decaloghi. Cosa voglio dire? Che per prendere seriamente in considerazione un Decalogo non è necessario sapere da dove viene, perché ce lo troviamo davanti, che cosa ci si aspetta da noi.

Va semplicemente letto e, in breve tempo, si percepisce se tutto insieme, o parte di esso, ci tocca, muove qualcosa dentro di noi, ci provoca, ci stimola. Potrebbe rivelarci un'idea che cercavamo da tempo o di cui nemmeno sapevamo di aver bisogno (questo secondo scenario, di solito, rende la scoperta più preziosa). Potrebbe invece disturbarci e metterci sulla difensiva: allora diventa interessante capire se stiamo reagendo al Decalogo in difesa di ciò che per noi conta davvero, oppure se stiamo difendendo noi stessi da una verità scomoda.

Ogni Decalogo potrebbe rappresentare un programma, una correzione piccola o grande della nostra rotta, una strada che si spalanca davanti a noi oppure un invito a lasciar perdere... e a leggerne un altro.

Ecco perché in questo capitolo mi limito a presentare una parte dei miei, dei nostri (sempre come Exodus) Decaloghi.

Si chiamano Decaloghi, ma in verità sarebbero piccole ricette, più volte ritoccate... per dar da mangiare all'anima.

Il Decalogo della saggezza

Oppure: scelte di pace per uomini di tutte le fedi. Oppure: cinque cose che le Scritture ci insegnano a evitare perché nocive, seguite da cinque che si esortano a fare perché proficue.

1. Non lasciarti sedurre dalla cultura popolare, ti impedisce di pensare con la tua testa.
2. Non lasciarti sedurre dal denaro e dal potere, ti renderanno avido e bullo.
3. Non usare un linguaggio distruttivo, nuoce tanto agli altri quanto a te.
4. Non giudicare gli altri, lavora piuttosto sui tuoi difetti.

5. Non lasciarti sopraffare dalla rabbia, può guastare i rapporti umani e rovina la vita.
6. Guarda alla vita in modo positivo. È il primo passo verso la vera gioia.
7. Fai emergere il meglio dagli altri. Cogli ciò che unisce e non ciò che divide. È meglio edificare che abbattere.
8. Sii onesto e limpido, ne riceverai una profonda pace interiore e una buona reputazione.
9. Aiuta amorevolmente chi ha bisogno. È proprio vero che è meglio dare che ricevere.
10. Fai ogni cosa come se fosse l'ultima... È testamento.

Altri dieci comandamenti

1. Quando parli, scrivi sulla tua faccia solo quello che hai dentro al cuore.
2. Crea dei campi magnetici positivi.
3. Camminati dentro una volta al giorno, fino al momento nel quale ti accorgi di aver incontrato Dio, anche nel giorno più scabroso.
4. Odia la frase «fan tutti così».
5. Dai significato alle cose più insignificanti perché sono le molecole della tua storia.

6. I soldi sono lo sterco per concimare, non idoli da adorare.
7. I ragazzi – e qualunque persona si affidi a te – sono i rami di un grande albero e non la pedana del nostro successo (sono aquiloni, puledri, torrenti che seguono il loro corso).
8. Credere significa abbandonarsi agli abbracci di un Dio Padre che di tanto in tanto ha bisogno del nostro pianto. Reputa il dolore come una invocazione di aiuto a Dio.
9. La vita è una sequenza di nascite (la nascita, l'adolescenza, la scoperta dell'amore, la maternità-paternità, la morte).
10. Nessuno è irrecuperabile. Nessuno è tanto bestia da non avere in qualche angolo del suo cuore un po' di angelo. Sii ottimista.

Il Decalogo che dovresti conoscere e fare, fare e conoscere

1. Scegli di esserci.
2. L'utopia non è un sogno.
3. La grazia della fermezza.
4. Spersonalizzarsi per personalizzarsi.
5. Saper accettare gli insuccessi è un successo.
6. Pulirsi le scarpe prima di entrare.

7. Imparare a imparare.
8. L'orizzonte nello sguardo.
9. Spalla contro spalla nel cammino.
10. Ricordati di ricordarti di non dimenticare.

Il Decalogo del cammino che ti educa

1. L'autorevolezza.
2. Il senso del rischio.
3. La non violenza.
4. La trasparenza.
5. L'essenzialità.
6. La solidarietà e l'altruismo.
7. La riflessione.
8. Il territorio.
9. La parola.
10. La prevenzione.

Il «Decalogo» delle quattro ruote

La prima ruota: sport, musica, teatro. Da quando siamo nati ha avuto degli sviluppi molto interessanti. In ogni comunità deve esserci uno sport che diventa centro di coesione. Poi c'è la musica: il canto unisce, cambia gli umori, affratella. Facciamo in modo che in ogni comunità si impari a suonare o cantare, così come si deve anche dare spazio al teatro.

La seconda ruota: il lavoro. È sacro ma non va concepito solo come produzione bensì come creatività, confronto sulla pazienza, tenuta sui tempi, professionalità.

Terza ruota: tornare allo zaino. Abbiamo perso lo spirito scoutistico, il gusto dell'avventura. Dobbiamo tornare a dormire per terra, a vedere le stelle, a fare gruppo. Ogni sede di Exodus, per esempio, deve organizzare almeno una volta all'anno una carovana. Dobbiamo superare lo spirito borghese che ci sta addormentando.

Quarta ruota: regole e orientamenti.

Il carro di Exodus ha quattro ruote perché i sentieri più impegnativi richiedono un'auto 4x4...

- ... perché una ruota non fa primavera ma quattro sì.
- ... perché tondo per tondo è molto meglio che quadrato per quadrato.
- ... perché le ruote per girare non devono avere spigoli. Gli spigoli non fanno la storia.
- ... perché la perfezione è tonda, ma anche la pazienza è tonda. Se la pazienza avesse gli spigoli, che pazienza sarebbe?

– ... perché le ruote non saranno mai il carro, le ruote sono la fatica, il carro la gioia... Al massimo per far meno fatica le ruote vanno lubrificate.

Il Decalogo delle conche

1. Conche e non canali.
2. Aquiloni, torrenti, puledri.
3. Alberi che camminano.
4. Contempl-attivi.
5. Incontri-verità.
6. Inchinarsi o chinarsi.
7. Spostare le tende.
8. Scendere dal somaro.
9. Radicalità umanista.
10. Vicinanze vincenti.

Piccolo Decalogo

Premessa: L'uomo è colui che in parte si è trovato e in parte si va cercando. La parte più sana dell'uomo è quella che ricerca. Ecco perché agli albori della storia i popoli erano nomadi.

1. Consapevolezza dell'importanza del proprio «equilibrio personale», che si costituisce nella

trasmissione di valori forti, nelle scelte mature nelle relazioni, nell'affettività e nella ricerca della spiritualità.

2. Il rispetto di ogni persona, soprattutto se «povera», ci richiede spirito di volontariato, gratuità, servizio, solidarietà e disinteresse.
3. Disponibilità al confronto, al dialogo, alla ricerca del positivo negli altri, alla formazione permanente e ai «tempi del silenzio».
4. Ricerca di percorsi personalizzati per ogni singolo individuo, nel rispetto di sé, degli altri e per una piena realizzazione dell'Abele che ognuno si porta dentro.
5. Atteggiamento critico, ma costruttivo, verso la società che crea disuguaglianza, disagi, emarginazione e devianza.
6. Maturità e capacità nel condividere responsabilità, fatiche, impegni e nuove avventure, sempre con uno stile di conduzione trasparente e attento a qualsiasi forma interessata e autoritaria.
7. Valorizzazione dello spirito di insieme, senso di appartenenza a un progetto più grande.
8. Ecologia, uso dei mezzi poveri, precarietà, non violenza, testimonianza pacifica e fraternità diffusa sono le priorità.

9. Uso del metodo preventivo sia all'interno dei nostri gruppi che nella strategia degli interventi sociali.
10. Apertura a tutti coloro che cercano esperienze significative.

Il Decalogo del Tavolo

1. Insieme fa Vangelo.
2. Seminare dentro qualsiasi terreno.
3. Cantare le armonie di anime ancora vivaci dentro corpi redenti.
4. Abitare ogni parola che esce dalle radici di alberi storici: l'Albero di Adamo ed Eva, l'Albero degli angeli di Abramo, gli Alberi di Noè, l'Albero di Zaccheo, l'Albero di Giuda, gli Alberi del tavolo dell'ultima cena, della croce.
5. Camminare in «senso contrario».
6. Scoprire i talenti degli scartini e le fragilità dei potenti.
7. Aprire sentieri impossibili.
8. Fare «catena» attorno al Padre.
9. Farsi tavolo imbandito con: pane, vino, acqua e olio.
10. Cercare gli avamposti prima «del nemico».

Il Decalogo coraggioso

1. Tutto ciò che è nuovo è fattibile e non è mai del tutto nuovo.
2. Pensa un'idea semplice, magari a te antipatica. E falla, eseguila a tutti i costi e nei tempi più brevi.
3. Ama le storie, ascoltale e interpretale.
4. Attraversa la paura con l'umorismo.
5. Trova il sistema di non fare sistema.
6. Se devi cambiare idea e la cambi, vuol dire che sei ancora giovane.
7. Tramuta i problemi in opportunità.
8. Crea relazioni con chi hai intorno e ti è nemico.
9. Valorizza le tue idee strane.
10. Ogni tanto sii anti-democratico.

Il Decalogo sereno

1. Quando ti alzi, dai il «buongiorno» sorridendo.
2. Non preoccuparti della durata della tua vita: perdi invece tempo per dare colori alla durata.
3. Il mondo non ce l'ha mai avuta con te.
4. Le difficoltà durano qualche giorno, le cose belle anni.

5. Smettiamo di aspettare sempre qualcosa che non abbiamo.
6. Per il pessimista ci sono più spaventi che amori, più inverni che primavere, più tramonti che albe, più medioevi che rinascimenti.
7. Per l'ottimista: ogni amore ha il suo spavento che passa, ogni inverno ha la sua primavera sempre più bella, ogni secolo ha il suo rinascimento, ogni sette giorni c'è una domenica.
8. Il menefreghista:
   «È nato Alfredo!»
   Chi se ne frega, il mio amico è Antonio.
   «C'è stata l'alluvione!»
   Chi se ne frega, io sono all'asciutto.
   «Hai visto l'eclisse?»
   Chi se ne frega, per me c'è l'eclisse quando apro il portafoglio ed è vuoto!
9. Stai all'aperto più che puoi.
10. Leggi due libri la settimana: un giallo e uno di fiabe (anche alla tua età!).

Il Decalogo del pastore

1. C'è il pastore con il vincastro che sta sempre davanti e apre la pista.

2. C'è il pastore che sta sempre dietro, che vede tutto e controlla.
3. C'è il pastore che sta in mezzo, perché gli piace l'odore del gregge.
4. C'è il pastore buono e pratico, sempre pronto con garza, aceto, cerotti e due birre.
5. C'è il pastore mercenario, che manda il Fido a cercare le pecore perdute... mentre lui gioca a carte.
6. C'è il pastore part time, iscritto al sindacato, che non distingue le pecore dai lupi.
7. C'è il pastore che vende metà lana, e con quella che resta fa i maglioni e li regala alle pastore povere.
8. C'è il pastore non-pastore, che vuole essere chiamato per nome. Gli basta!
9. C'è il pastore che conosce tutte le sue pecore, una a una, e le ama.
10. C'è il pastore che perde 99 pecore e si consola con l'unica che è rimasta.

Il Decalogo politico

La politica è:
1. Cura della personalità del cittadino.
2. Spirito democratico.
3. Senso di uguaglianza e di parità.

4. Apertura verso la diversità.
5. Diffidenza verso le decisioni irrevocabili.
6. Atteggiamento solidale.
7. Cura della parola.
8. Capacità di essere minoranza.
9. Ascolto umile per una trasformazione attiva e puntuale.
10. Categoria nobile dell'agire «possibile» e collettivo.

Il Decalogo della mamma non italiana

1. Scoprire il rilassamento attivo.
2. Preoccuparsi solo quando ne vale la pena.
3. Evitare gli esperti e quelli che sanno tutto.
4. Boicottare tutta l'industria della sicurezza infantile.
5. Non fare l'avvocato (e tantomeno il magistrato) dei propri figli.
6. Ignorare chi ha sempre qualcosa da ridire.
7. Osare. Evitare di tenere e di tenersi sotto controllo.
8. Commettere degli errori. Gli errori di oggi saranno i successi di domani.
9. Dare libero sfogo all'imprevedibile.
10. Tirare fuori le stelle che sono dentro tutti noi.

Il Decalogo per i nuovi

1. Cercare è meglio che trovare, come essere è meglio che avere.
2. L'amicizia è l'anima dell'anima di ognuno.
3. Impara a vivere, a sorridere e a sperare lì dove sei.
4. Chi perdona vive due volte.
5. Ogni dolore porta con sé una novità.
6. La storia la fanno gli scartati.
7. Ognuno di voi porta dentro un po' di Caino, ma molto di Abele.
8. La verità non è una teoria, ma una esperienza.
9. C'è una Parola che è una Storia.
10. Chi si perde non è mai perduto.

Il Decalogo rivoluzionario

1. È Rivoluzionario l'uomo capace di sognare e di trasformare i suoi sogni in follia profetica.
2. È Rivoluzionario chi è capace di amare senza possedere l'amato.
3. È Rivoluzionario chi sceglie sorridendo di essere minoranza.
4. È Rivoluzionario chi ha due soldi e ne spende tre per il prossimo.

5. È Rivoluzionario chi va ai cortei con la chitarra, cantando il gregoriano.
6. È Rivoluzionario chi sceglie la tenda perché è casa senza porte.
7. È Rivoluzionario chi si riposa camminando scalzo nel deserto.
8. È Rivoluzionario chi fa rimbalzare i suoi sentimenti tra le pagine di Trilussa.
9. È Rivoluzionario chi sa smontare le sicurezze teologiche delle anime deboli.
10. È Rivoluzionario chi fa il pastore, il seminatore, il pescatore, prende il pane e lo intinge nel vino, prende una bisaccia e va dove lo porta il... mare.

Il Decalogo paterno

1. Di nostro c'è solo Dio. Tutto il resto che abbiamo, lo possediamo, ma non è nostro.
2. La paternità non nasce dal sangue, ma dall'anima.
3. Il cielo è fatto della stessa sostanza della terra.
4. La santità si conquista tra un peccato e l'altro, trasformando umilmente le cadute in purificazioni.
5. Il perdono, come l'amore, non ha limiti e con-

fini. Noi siamo solo un cuore che ascolta e che traduce la bontà in misericordia.

6. Il pane è fatto di terra, acqua, sale, fuoco, farina e morte.
7. Il male è meno maligno se lo si vede dalla parte del Seme. Chi crea il male è solo un credente molto arrabbiato.
8. Dio non va nominato, ma incontrato, sporcato, con i fatti del giorno, mangiato tra le lacrime della solitudine.
9. Il Padre, che è pane, perdono, regno, pace, lo conosco quando abbraccio la libertà di servire e quando incido l'iniziale dietro l'orecchio della pecorella perduta.
10. Se Dio ha solo cento nomi, non ha il mio, e questo non è giusto. Dio è il nome di ciascuno di noi. Perché il nome ti dà un posto in terra e uno scranno in cielo. Dio ha otto miliardi di nomi.

Il Decalogo di Aristotele

1. Aboliamo le teorie.
2. Tutto quello che sappiamo lo impariamo facendo.
3. La curiosità, la manualità, l'azione valgono molto più della teorizzazione.

4. Il cervello ha bisogno del corpo per apprendere, incarnando il dire nel fare.
5. Si diventa costruttori costruendo, giocatori giocando.
6. Si diventa suonatori di cetra suonando la cetra.
7. Si diventa giusti compiendo azioni giuste.
8. Diventiamo coraggiosi facendo azioni coraggiose.
9. Non confondiamo la teoria con la vita e la vita con la teoria.
10. Sono le azioni che fanno la differenza nella nostra vita.

Il Decalogo per persone arrivate
(non si sa dove!)

1. Smontare le teorie pre-fabbricate.
2. L'anima è libertà e verità.
3. Allenarsi per azioni difficili.
4. Scoprire i cerchi dentro i quali viviamo e aprirli.
5. I cerchi sono cinque: cervello-parola, formazione-cuore-relazione, emozione-corpo-azione, avventura-sentimento-poesia, follia.
6. Non confondiamo i cinque cerchi con: l'istituzione, la casa, la tana, il nido, l'organizzazione.

7. Mettere a frutto le nostre debolezze, fragilità, limiti, solitudini.
8. Raccontarsi qualche barzelletta stupida.
9. Leggere i libri quasi cantandoli con i dovuti stacchi (le pause musicali).
10. Frequentare qualche profeta che c'è in giro.

Il Decalogo diverso

1. Scendi dal lato giusto del letto.
2. Raccontati una barzelletta al giorno.
3. Revisiona le vecchie abitudini e recupera qualcosa.
4. Abbraccia qualche albero che ti piace.
5. Fai parlare i fiori del campo.
6. Distruggi la televisione.
7. Qualche volta vivi in tenda.
8. Vai in mezzo al bosco e prega a mani alzate. Fatti vedere dal Padreterno.
9. Vai sulla spiaggia, vicino all'acqua, scrivi una frase che ti piace sulla sabbia e aspetta che il mare se la porti via.
10. Ricordati che le stelle ci sono anche di giorno.

Il Decalogo silenzioso

1. Parla solo se hai da dire qualcosa che valga più del silenzio.
2. Il silenzio attira lo sguardo e rende eloquenti i volti.
3. Il silenzio è uno scambio di presenze invece che di parole.
4. Il silenzio autentico è, in definitiva, un altro linguaggio.
5. Non trasformare il silenzio in prigione, in deserto bruciato, in solitudine angosciosa.
6. C'è una parola dentro di noi che è l'origine di tutte le parole che diciamo fuori di noi.
7. Il silenzio è un bisogno. Prima di essere spirituale, cristiano, monastico, è un'esigenza umanamente irrinunciabile. Crea armonia, serenità e pace.
8. Il silenzio è il santuario della saggezza. La parola è suono. Il silenzio è tuono.
9. Il vero silenzio non lo si conquista, ma lo si riceve.
10. Il silenzio è lotta; richiede ascesi, sforzo, violenza contro se stessi, quaranta giorni di purificazione.

Il Decalogo del camminatore

1. Il Padre è Colui che disegna il mondo sul mio corpo.
2. Signore, non togliermi mai il gusto di camminare con un amico.
3. Esistono cammini senza viaggiatori, ma ci sono ancor più viaggiatori che non hanno trovato ancora il loro sentiero.
4. L'età dell'uomo vista dall'anima è già un'eternità vista dal corpo.
5. Essere pellegrini significa attraversare le proprie idee, scalzi.
6. Non possiamo predire il nostro futuro, ma inventarlo sì.
7. Il viaggio mi allarga la mente, la costruisce.
8. Camminare è un'esperienza che si fa bene da soli, il punto critico è scegliere con chi essere soli.
9. Ogni passo avanti deve essere preceduto da un passo «dentro» per evitare che si trasformi in un passo indietro.
10. Nella vita non interessano le partenze e gli arrivi, ma le traversate.

Il Decalogo degli Educatori Senza Fortuna (ESF)

1. Essere diversamente civili.
2. Scoprire quanto la non-identità sia più ricca e più grande dell'identità.
3. L'erranza fa risuonare dentro il mondo e libera dai recinti.
4. I talenti non sono «tascabili» ma ci sono.
5. Pulirsi le scarpe, anche se scalzi.
6. L'ignoranza lascia tanto posto alla poesia, all'educazione, allo stare insieme e alla duttilità mentale.
7. Il cielo degli altri è sempre più azzurro del nostro.
8. Dove c'è poca organizzazione funzionano meglio le attività, c'è più genuinità.
9. Il futuro è la... Parola.
10. Dio ha fatto la donna nuda e solo lui puoi vederla senza smorfie e senza malizie. Questa è civiltà!

Il Decalogo antidecalogo

1. Ricorda sempre che sei al centro di una serie di cerchi concentrici: c'è sempre qualcuno che ha bisogno di te.
2. Impara a essere visionario.

3. Ridi senza motivo.
4. Metti a tacere tua madre.
5. Impara a suonare la chitarra di notte.
6. Raccontati qualche bugia e vedi le tue reazioni.
7. Smetti di pensare che non vali niente: non vedi con quanta fatica accumuli «prove» di questo nella tua mente?
8. Inutile! Tanto tutti fanno quello che vogliono. Perché mi devo dare delle regole? Torna ogni giorno a dare una tua risposta a questa domanda.
9. Trasforma tutto in gioco un giorno al mese.
10. Cammina fino all'alba, ogni tanto, con tutta la famiglia.

Il Decalogo religioso

1. Quando sono stanco o stressato, parlare con Dio sotto un cielo di stelle mi dona serenità e coraggio.
2. Cerco di tenermi in forma. Qualcuno potrebbe chiedermi qualcosa di veramente importante anche dopo gli ottant'anni.
3. Come Abramo anch'io ho una principessa in casa (mia moglie) e così la tratto (Sara significa, appunto, «principessa»).

4. L'ospite è sacro nella mia casa: sono convinto che prima o poi accoglierò senza accorgermene degli angeli.
5. Quando sono diventato padre ho capito qualcosa di Dio.
6. Come Isacco, anche il mio bambino è figlio del sorriso.
7. Il bene che faccio, mio figlio non lo dimenticherà mai e così non avrà fine, anzi si moltiplicherà: diventerò anch'io «padre di una moltitudine».
8. Davanti al mistero del male, in situazioni di difficoltà, ripeto come Abramo: «Dio provvederà, figlio mio!».
9. Solo donando al Signore mio figlio mi sento libero da angosce e sensi di colpa: posso così dare al mio bambino «ali e radici».
10. È camminando che si aprono le speranze.

Fausto Negri

Il Decalogo dell'educatore senior

1. Essere se stessi e non «sepolcri imbiancati».
2. Essere disponibili nel gioco, nella discussione, nell'ascolto.

3. Dare esempio di intransigenza e di autocontrollo sul piano morale.
4. Dare sicurezza nelle piccole e grandi cose, per insegnare a vedere l'essenziale nei fatti positivi e negativi della vita.
5. Non essere infallibile aiuta a trovare una soluzione ai problemi della vita.
6. Mantenere il segreto delle confidenze.
7. Essere autorevole e non autoritario creando la stima con l'esempio.
8. Controllare il proprio temperamento sia con i ragazzi sia con i loro genitori.
9. Mostrare armonia, stima e concordanza pedagogica con l'équipe.
10. Rendere il pranzo un punto di incontro dove si possa conversare con tutti di tutto.

Giovanni Bollea

12
Una formula preziosa

Tutto il discorso fatto fin qui, in sintesi

La sintesi del nostro lungo servizio di accoglienza, ascolto, protezione, fiducia e formazione di tante persone diverse può essere riassunta in una formula chimica dell'educazione e della formazione permanente, cioè del «vivere camminando oltre».

La formula è questa:

$$(4A + 1S) \times \frac{R^2}{F} = U/D$$

Come si legge la formula?

Partiamo dalla fine, cioè dal risultato, a destra del segno «=». Qui troviamo, in lettere maiuscole, «U/D», che stanno per: «Uomo e Donna adulti».

L'obiettivo dell'educazione e di una vita in cammino è rendere possibile la crescita e la piena maturità di un Uomo e di una Donna adulti, per il bene di tutti.

Ma cosa significa «adulto»? A questa domanda risponde il resto della formula: tutto ciò che sta a sinistra del segno «=» è ciò che non può mancare se si vuole ottenere un adulto, e un adulto in cammino, come risultato finale.

E qui, a sinistra, troviamo un'operazione matematica apparentemente complessa (del resto, educare e «camminarsi dentro» sono questioni di vita, e la vita è bella e interessante proprio perché è ricca).

Dunque, cominciamo, da sinistra a destra, con il riconoscere che c'è un fattore «(4A + 1S)» che deve essere moltiplicato per «R^2/F» = U/D.

4A + 1S è tutto ciò che fa di un essere umano un vero essere umano. Infatti, le «4A» sono:

Autonomia
Autostima
Affettività
Apertura

A esse va sommato un elemento che ha in sé qualcosa di imprevedibile, «S», che sta per:

Singolarità

... cioè il fatto, che non va mai dimenticato, che ogni persona è unica, singolare, diversa da tutti.

Dunque, la base della vita in cammino è lo sviluppo in noi dell'Autonomia, dell'Autostima, dell'Affettività e dell'Apertura... alle quali aggiungeremo la nostra Singolarità, che va scoperta, amata, gustata, custodita e fatta crescere sempre.

Il passaggio successivo

Se stiamo lavorando tutti i giorni sulle 4A, sempre arricchite dall'unica S, possiamo fare un passo avanti, rappresentato da ciò che nella formula sta a destra del segno «×».

Cosa rappresenta la frazione R^2/F?

«R» sta per «Realtà». Il fatto che sia al quadrato significa che di realtà, nel nostro vivere camminando, più ce n'è, meglio è.

Faccio un esempio che traggo dalla mia vita: la morte di mio padre quando io avevo solo pochi mesi è stata un'amara realtà (pesante anche più che «al quadrato»!) che mi ha formato.

«Proteggere» dalla Realtà, o addirittura negare, ai nostri figli e a noi stessi, la Realtà è il peggior affare che possiamo fare nella vita.

Lo strumento più efficace dell'educazione e del vivere camminando, quindi, non sta neppure del tutto nelle nostre mani: è la Realtà.

Una persona diventa Autonoma (questo tutti lo capiscono, spero: chi è autonomo sa muoversi nella realtà), ha Autostima (qui i rischi di «travisamento» della propria realtà sono importanti), ha maturità Affettiva (se non ami la realtà e la realtà degli altri… il mondo è un inferno) ed è Aperta al mondo… solo se assume la Realtà a grandi dosi.

Dunque, Realtà al quadrato!

E la «F»?

Manca solo la «F»: un valore che, posto sotto la «R», vuol dire che riduce il suo valore. Di cosa si tratta?

Della Fortuna. Del grande mistero della Fortuna, che gli antichi veneravano (e temevano) come una dea. Anche noi, tutto sommato, la adoriamo e la temiamo.

Per chi ha fede (in particolare la fede cristiana), questa «F» dovrebbe essere sostituita da una bella «P», che sta per «Provvidenza», espressione questa dell'amore infinito di Dio Padre per tutti i suoi figli.

Ora, la Fortuna ha un ruolo nell'educazione dei figli e nel vivere da adulti camminanti? Sì, eccome: un conto è educare un figlio straordinariamente dotato di intelligenza e abilità, un conto è educare un figlio che fa più fatica a scoprire e valorizzare le sue doti; un conto è accompagnare la crescita di uno o più figli in una situazione di grave povertà, altro è avere a disposizione risorse importanti che ci permettano di fornire loro strumenti, strutture, occasioni di divertimento, di incontro, di crescita e di apprendimento.

Oltre a questo aspetto, che riguarda le condizioni nelle quali ciascuno di noi si trova inserito senza suo merito o demerito, ci sono poi gli imprevisti della vita: mio padre è morto quando io avevo meno di un anno, chi lo avrebbe potuto prevedere e mettere in conto?

Ma, stando a esempi meno drammatici, chi potrebbe mettere in conto la presenza in famiglia di uno zio che possiede un maneggio di cavalli e mette a disposizione questa esperienza (alla quale altrimenti non avremmo nemmeno pensato) ai nostri figli? E quale peso ha la Fortuna nel farci incontrare quel tale insegnante di matematica o di filosofia, che farà appassionare nostro figlio alla sua materia?

E così via.

Quando stiamo educando i nostri figli, quando stiamo camminando nella vita, non dobbiamo mai dimenticare il debito con la Fortuna (o con la Provvidenza): essa contiene sempre un misterioso «messaggio» per noi, perché comunque vada rappresenta una forza più grande di noi, fonte di sorprese, ma anche di imprevisti sgradevoli, o peggio.

Oggi c'è gente che per non rischiare nulla... i figli non li mette proprio al mondo. Oppure persone che hanno paura di fare anche solo un passo. E queste, diciamocelo, sono già sconfitte.

Essere fortunati, nella vita, non è in sé né bene né male. È una condizione, ripeto, che non dipende da noi. Essere *molto* fortunati (il figlio di un miliardario non avrà alcun bisogno di lavorare per tutta la vita, e lo sa) permette addirittura di «ignorare» la realtà e di vivere in un mondo artificiale dal quale sono escluse (finché dura la fortuna) incertezze e privazioni, impegno e fatica. Questo non farà, da solo, di un figlio una persona adulta ed equilibrata, né farà di noi degli adulti in cammino, anzi: rischia di essere un grave ostacolo alla crescita di un essere umano degno di questo nome. Tuttavia, è bene ricordarci che l'imprevedibile (o la volontà di un Altro) fa parte del gioco, come di tutta l'esistenza.

Indice